疯赞

以真诚的社交互动激发消费者对品牌的持续追捧

[美] 鲍勃·加菲尔德 (Bob Garfield) 道格·莱维 (Doug Levy) ◎著
陈 书 ◎译

SPM
南方出版传媒
广东人民出版社
·广州·

图书在版编目（CIP）数据

疯赞：以真诚的社交互动激发消费者对品牌的持续追捧 /（美）加菲尔德，（美）莱维著；陈书译. -- 广州：广东人民出版社，2015.5

ISBN 978-7-218-10010-4

Ⅰ. ①疯… Ⅱ. ①加… ②莱…③陈… Ⅲ. ①品牌营销－研究 Ⅳ. ① F713.50

中国版本图书馆 CIP 数据核字（2015）第 037758 号

Feng zan

疯　赞

以真诚的社交互动激发消费者对品牌的持续追捧

[美] 鲍勃·加菲尔德　道格·莱维　著　　陈　书　译

出 版 人：曾　莹

策　　划：中资海派
执行策划：黄　河　桂　林
责任编辑：肖风华　古海阳　张　静
特约编辑：张　艳　宋金龙
版式设计：张　英
封面设计：WONDERLAND Book design 仙境 QQ:344581934

出版发行：广东人民出版社
地　　址：广州市大沙头四马路 10 号（邮政编码：510102）
电　　话：（020）83798714（总编室）
传　　真：（020）83780199
网　　址：http：//www.gdpph.com
印　　刷：深圳市美达印刷有限公司
书　　号：ISBN978-7-218-10010-4
开　　本：787mm × 1092mm　1/16
印　　张：16.5　　**字　　数：**198 千
版　　次：2015 年 5 月第 1 版　2015 年 5 月第 1 次印刷
定　　价：39.80 元

如发现印装质量问题，影响阅读，请与出版社（020-83795749）联系调换。
售书热线：（020）83795240

权威推荐

科特勒营销集团高级顾问　孙路弘

《疯赞》是一本揭示网络时代企业营销新视角的图书，从互联网信息的量变开始动笔，涉及到信息质变对企业营销的影响并进一步揭示了简单的“点赞”行为背后的规律。

著名品牌与网络营销专家　刘杰克

《疯赞》是一本为那些想尝试微博、微信营销却找不到入口的营销人员量身定制的实用手册。书中有些观点或许与传统观念相悖，比如企业要公开所有行为和秘密，但我相信这是信息透明时代企业唯一能做的事情。一本有料又有趣的书，很有互联网气质。

福布斯 *Forbes*

即便没有系统研究过 Facebook 的营销人员也会意识到，如今的营销环境已经与过去大不相同了，《疯赞》则是对这种不同的深入研究，让读者更加明确不同点到底在哪里，以及这将带来什么影响。企业在失去对消费者的控制权之后，将如何盈利？两位作者对此的解答是：请学学美捷步、西南航空、塔吉特吧，它们对所有消费者公平以待，与他们共享价值观，最重要的是，它们懂得社交媒体不仅是企业荣誉放大器，也是企业行为监督仪。

今日美国 *USA Today*

两位作者在《疯赞》中提出，企业要有社交时代思维，要诚信经营，坦率表达以树立经得起检验的形象，而不是在财务报表或者公关活动中向各利益相关者给出光鲜的承诺。事实也证明，获得公众信赖和尊重的企业实现了可持续发展，被质疑的企业最终湮没无闻。

美国国家公共电台 NPR

在《疯赞》一书中，两位作者用无数案例阐释了这种转变：消费者时代正在远去，社交时代迎面而来。他们明确指出，在社交时代，企业将失去对消费者的控制，企业生存下去的唯一途径就是与消费者建立真正的关系，因为在 Twitter、Facebook 等社交网络的推动下，企业命运掌握在消费者手中。

美国企业杂志 *inc.magazine*

鲍勃·加菲尔德在《疯赞》中指出，当今的企业最好真诚坦率、老老实实，理由很简单：公众的眼睛是雪亮的。一家试图在信息透明的社交时代瞒天过海的企业，结局很可能是被消费者抓个现行，最终商誉受损并成为永恒的污点。除了指明出路，《疯赞》还分析研究了那些从社交时代获益的企业案例，如美捷步、棒球品牌巴塔哥尼亚、连锁餐饮店帕纳拉面包、卡卡圈坊等。

美捷步 CEO《三双鞋》(*Delivering Happiness*) 作者
谢家华 (Tony Hsieh)

本书的主旨在于探究客户信任对所有企业至关重要的原因。加菲尔德和莱维巧妙地描述了成就一家非凡企业的关键：与客户、供应商、雇员建立信任关系。

健康食品超市创始人兼联席 CEO
约翰·麦基 (John Mackey)

很棒的一本书，描述了一个基于宗旨、真诚、信任和关怀的革命性营销新愿景。本书通俗易懂，案例动人，既鼓舞人心又趣味十足。五星推荐。

顶级户外奢侈品牌巴塔哥尼亚 CEO
凯西·希恩 (Casey Sheahan)

这本书很有趣，甚至有些标新立异。珍视关系是巴塔哥尼亚的传统，但两位作者审视分析社交时代中关系营销的方式让我大开眼界。阅读本书堪称享受。

清洁用品美则联合创始人
埃里克·瑞安 (Eric Ryan)

即便是最优秀的营销人员，面对同时爆发的数字化革命与社会革命也会疲于奔命。而加菲尔德和莱维为我们制作的企业发展指南正好解了燃眉之急，让我们能够在社交时代也蓬勃发展。我真心不希望竞争对手也读到这本好书。

帕纳拉面包创始人董事长兼联席 CEO
罗纳德·沙伊克（Ron Shalch）

本书以简洁明了的语言向每一个面临挑战的 CEO 和 CMO 布道。本书作者跟我们一样，认为大众营销已失效，因此在书中提供了一个又一个案例，阐明成功的企业如何在“新世界”建立信任。

全球六大广告和传媒集团之一哈瓦斯集团 CEO
大卫·琼斯（David Jones）

毫无疑问，加菲尔德和莱维紧握住了时代的趋势：当公众发现一家企业塑造的形象与和现实之间的落差甚大，必定会对这家企业的信任度大打折扣。将自身对营销行业的深刻洞察力付诸优美的文笔，加菲尔德和莱维详细描述了企业如何在社交时代取得成功。

《互联网就是你客户》（*The Network Is Your Customer*）作者
大卫·罗杰斯（David Rogers）

加菲尔德和莱维在本书中为我们展示了品牌最重要的东西：客户信任。他们得出此论点的依据并非当今飞速发展的社交网络技术，而是因为企业与客户的关系已发生根本性改变。新世界里，社交网络不该只是充当企业的扩音器，而应该用于建立人际关系。想要在社交时代继续存活，你最好认真读读这本书！

《受钟爱的企业》（*Firms of Endearment*）作者
拉金德拉·S. 西索迪亚（Rajendra S. Sisodia）

加菲尔德和莱维论证了这样一个事实：聪明的营销人员可以凭借过人的技术与消费者建立基于信任、真诚和共同价值观的长久关系。

这本书将带来一场营销界的“文艺复兴”。在这场文艺复兴中，营销终于可以实现尚未实现的更高目标。

亚马逊读者　Pete Blackshaw

《疯赞》是一本非常及时的书。作者的观点犀利有趣，鲍勃·加菲尔德用看似唯我独尊的口吻道破了一些令人难堪的事实：“信任不是商品，而是资产。它无法购买，只有努力才能赢得。”我认为么这是一本在正确的时间出现的正确的书，它解答了社交时代营销人员的所有困惑——公司与消费者到底是什么关系？“大家因共同的价值观和兴趣而聚合，不是朋友，胜似朋友。”

亚马逊读者　5 of 11

与其他与现实脱节的营销类书籍不同，《疯赞》是一本开眼看世界的书，我像一位16岁的女孩遇到挚爱的小说一般不忍释卷，它真的太棒了！它正是我要找的营销书，它为我驱散了困扰已久的营销迷雾。在此奉劝各位营销同仁，你要么改弦更张严格执行鲍勃和道格的方法，要么就准备好水桶吧，因为昔日的大船要沉了！

众人“点赞”火焰高

科特勒营销集团高级顾问　孙路弘

在互联网兴起的时代，有这么一个说法：百度公司知道人们找什么，淘宝知道人们买什么，而微信知道人们喜欢什么。网络世界中有你的痕迹吗？一个账号，一个昵称，一个分享，一个点赞。那么，我们思考三个问题：

第一个，以下四种情况，你点赞最多的是哪类？

A. 一个励志的语录

B. 一个美丽的风景

C. 一个可爱的笑容

D. 一个美味的甜点

第二个，网络世界中有你的分享，你收到最多的点赞是哪类？

A. 一个励志的语录

B. 一个美丽的风景

C. 一个可爱的笑容

D. 一个美味的甜点

到自己网络上的空间看看，也许你渐渐发现自己在网络上有着一圈什么类别的朋友。

第三个，你点赞是出于以下哪个原因：

A. 朋友请求的

B. 内容触发了

C. 表示自己关注了

D. 自发支持朋友（为了维护关系）

以上三题都回答了，你应该就是社交时代的人。

人们用微信是为了社交，而不是看广告。每一个网络上活跃的用户来说，社交是弥补线下不常见面的疏远感，也是弥补线下交往时间不够的一种方法。社交网络中的内容不过就是一个人今天的心情，今天去的地方，吃的东西，孩子的笑容，家庭的活动……这些原来就是线下人们交往的基本话题。网络提供了一种可能性，让大家都可以节省时间，不用线下见面，也可以交流以上的信息，彼此仍然维护着熟悉的感觉。这就是社交网络对每一个人的核心价值。

那么，社交网络时代中的这些情况，对企业来说，有什么机会呢？

人们很少对产品的功能点赞，却积极参与用户的体验。比如星巴克咖啡发布了许多话题，从咖啡的产地，到加工的方式，以及配料，口味等，点赞的数量加起来也不如一个消费者分享出来的咖啡杯上的泡沫，以及泡沫背后的笑脸。

企业面临的挑战也许就是创造用户体验的话题，吸引用户自己社交圈的朋友去点赞，这就等于节省了过去的电视广告投放，也节省了传统的平面媒体广告投放。这是一个互动的世界，人人都有想说的，人人都有想表达出来的兴奋，愤怒，还有喜悦。激发用户把产品使用过程的情感分享出来，去赢得用户周围的朋友圈的人关注，企业广告传播进入了变革的阶段。

“粉丝”就是一个用户朋友圈的数量。这个数量大，点赞的绝对数也就可能较大。于是，网络上的大V们就具备的影响力。企业锁定这些朋友圈数量较大的人，也就意味着在发行量大的报纸上锁定了广告位。与广告不同，“粉丝”是双向互动的，尤其是点赞的时候，就等于建立了一次来往的互动。而广告，就算读者看了，其他的人并不知道他看了以后的态度，网络世界从这一点推动了传播性质的变化。传播是为了“粉丝”的互动，是为了建立关系，维护关系，强化关系。

《疯赞》是一本揭示网络时代企业营销新视角的图书，从互联网信息的量变开始动笔，涉及到信息质变对企业营销的影响。并进一步揭示了简单的点赞行为背后的规律。

正直得人心，传播得市场，点赞得天下。掌握点赞的规律得未来。点赞背后有心理学，点赞原理有营销，点赞法则有策略。作者自己就运用这个策略赢得了一次又一次的机会，得到许多企业的营销咨询的项目，也赢得了营销界的认可。难得的是，作者系统地分享了出来。他分享这些其实也是寻求被赞的动机，而每一个读者点赞的次数累计起来，作者自己也就得到了火焰。

众人点赞火焰高，微小的一个赞，网络世界中的一次表达，虽小不足以撼动市场，千里之堤毁于蚁穴，不积硅步，何以骋千里，路遥知马力，日久见人心，小小的点赞学问多。学问中的规律指导发展的方向。

得规律者得未来。未来从这本书的第一页翻开……

感谢读者你，阅读了我的推荐，让我带领你翻开书页，深入内容，汲取营养，一起去赢得网络世界的影响力。不过，弱弱地问一句，你会给我的推荐点赞吗？

如果你有兴趣，请扫描二维码，关注：先书后赢微信订阅号。

CAN'T BUY ME LIKE

目录

前　言　让品牌形象在商机无限的网络世界口耳相传　1

第 1 章　社交时代呼唤“接地气”的企业　13

每年广告费高达 20 亿美元的花旗银行，客户净推荐值全行业最低，而营销预算基本为零的美捷步，却创造了客户好感度神话。面对互联网营销这片未知海域，企业要掌握什么新技能才能乘风破浪？

人人都有营销话语权　17
顺势而为，不砸钱也能畅销　20
获“赞”新法宝：非迎合式倾听　23

第 2 章　关系营销，将“赞”换算成股价　25

一句“把人当人对待”让海底捞成为中国餐饮界的苹果公司；一次营销活动之后，微软邮箱就占领了全墨西哥 82% 的市场。得益于信息爆炸与网络分享，消费者不再满足于优质的产品和服务，他们变得更严格，也更值得亲近。

美国连锁餐厅的“海底捞式”服务　30
社交网络，关系营销的培植液　33
微软的情感共鸣战略　36

第 3 章 怎么让品牌变名牌？ 41

已经找到康庄大道的Journatic报业为什么仍难逃破产的命运？热心为客户排忧解难的汽车经销商，为什么招致同仁鄙视？又是为什么，那些能在国内叱咤风云的企业，国际化道路却总是阻碍重重？
在获取信任的征程中，放下敌对心态，不再划分你我，才是最明智的选择。

企业先要有“人格” 45
网络透明，企业置身于众目睽睽之下 49
品牌进阶课：获取信任的 3C 法则 53
雷区预警：企业绝对不要做的 4 件事 56

第 4 章 无预谋，不营销 61

因使用环保材料而提高售价的户外奢侈品牌巴塔哥尼，不仅产品销量没有遇冷，甚至备受赞扬。然而，当百事可乐赞助人们实现有价值的社会项目时，却被指责在“洗脱罪名”、转嫁责任。
同样是投身公益事业，为什么百事可乐经历了与巴塔哥尼亚完全不同的遭遇？

企业目标越明确，公众越钟爱 65
真诚，企业前进的加速器 68
关注老客户，提升净推荐值 71
高管是改革成败的关键 73
想抓住“粉丝”的心？先抓住“粉丝”的胃！ 76
一线员工，企业最好的发言人 78
洗白失败，百事可乐跻身烟草行业 80
用产品与服务具象化企业使命 84
反例：默多克传媒帝国的解体 88

第 5 章 杜鹃花效应，让信任永续 91

相比一年生的矮牵牛，种植寿命可达百年的杜鹃花似乎更省时省力。培育品牌也是同样的道理，能够长期发挥效用的发展战略总好过三年五年就要推到重来的短视经营。鉴于信任成本的考量，消费者往往愿意延续已有的信任，而不是花费力气筛选新的信任对象。

迷途知返，花旗银行重获客户好感　94
品牌可持续性地图的信任度分析　99
信任永续，就是利润永续　103

第 6 章　不能说的营销秘密　107

宝洁怎样将社交网站上的 30 多万“粉丝”，转化成实际消费者，最终让销量增长 20%？当全天然产品成为潮流，宝洁的化学类护理品牌要如何坚守市场？当赞助的活动一再推迟，品牌要做些什么来保持观众兴趣？社交时代，需要深挖的不是市场，而是人心。

转变营销思路，为客户购买力充值　110
“无所畏惧”让宝洁的顾客流连忘返　114
活动无论成败，只要感情实在　117
巧借媒体东风：让营销影响无限膨胀　119

第 7 章　“一个‘赞’值几个钱”是个伪命题　123

为什么一段双胞胎婴儿吃饭的生活片段能吸引百万网友观看？为什么小男孩向妈妈告状的短片能获得 5 亿点击量？为何可口可乐的“粉丝”甘愿花费数小时制作品牌宣传视频？过去，品牌最大的荣耀是得到消费者的忠诚，今天，被“点赞”才是营销最高境界！

可口可乐的“粉丝”经济学　127
“点赞”心理大起底：我们是同类　132
零成本也能提高客户参与度　135
雷池不可越：营销也要矜持　137
怯懦的人喜欢“点赞”？　140
“赞”不如评，评不如捧　142

第 8 章 社交营销就是“说人话” 145

仅有 6 人的竞选团队就为奥巴马争取到加州 500 万选票，他们怎么做到的？一家提供盲文菜单的汉堡连锁店，为什么能获得 50 多万健全人士的称赞？如果公众反感推销、拒绝说服，那如何将广告变成他们乐于接受的信息？

挖掘品牌核心目标：从 Why 到 What 148
通灵术做不到的，反证法可以 148
对垒特劳特：比定位更高效地入侵消费者心智 150
让目标更生动：品牌表达六步骤 154
步骤 1 先听听他们在谈论什么 157
步骤 2 开口之前，先确认你的语气是否亲切有趣 160
步骤 3 好了，可以试着打声招呼 162
步骤 4 进击吧！让世界看到你 166
步骤 5 赠送小礼品会让你更受欢迎 169
步骤 6 促成质的飞跃：与公众合作 173
永远未完待续的步骤 7 时刻审视自己的言行 177

第 9 章 关于制造疯赞的六大忠告 181

为什么“愤怒的小鸟”发布不到 24 小时，下载量就超过 100 万次？为什么比尔·盖茨、霍金、李彦宏纷纷接受冰桶挑战？产品和行为疯传的秘诀是什么？吸引公众自动参与品牌宣传，需要什么样的技巧？

做好被泼脏水的准备 184
娱乐性，让你的产品像病毒一样疯传 189
想飞上天？先制造台风 192
用“亚病毒”为病毒营销造势 194
卖品牌不如卖故事 196
趣味性是检验一切营销活动的真理 199

第 10 章 一个社交营销独行侠的自白 203

社交营销基本原则适用于任何社交沟通的场合，利用它，一个22岁的女孩单枪匹马对抗美国第一大商业银行，并成功让银行让步；因为它，一位工程学出身的供应链经理在顽固的银行业开凿出一条通途。当坐困愁城、孤军奋战，他们是如何首先将自己营销出去的？

掌握众包理念，提高客户终身价值　207
保持思维策略性，比别人多想一步　210
大获全胜：网民自制视频打败专业广告　213

第11章　没有永恒的信任，只有永恒的真诚？　217

为什么背负“血汗工厂”恶名的耐克在短暂受挫之后能重占行业头把交椅？为什么泰诺召回事件之后，强生公司依然位居声誉排行榜第三？公众信任的力量到底有多大？企业的声誉可以换算成多少利润？

信任是防弹背心，但它并不能阻止你被爆头　222
直面风暴，修复信任裂痕　223

后记一　建立真正的关系比“说服”更有效　227
后记二　一通电话引发社交时代　230

让品牌形象在商机无限的网络世界口耳相传

你我人性相通，联合方为人。

（德斯蒙德·图图　诺贝尔和平奖得主）

CAN'T BUY ME LIKE

前言

本书将以大量数据及商界经典案例，为读者呈现一本实用性极强的社交时代营销指南。书里的建议实施起来会像按照说明书组装宜家书柜、根据食谱烹制意大利番茄牛肉面一样简单。本书的启发性非常强，而且一切只围绕一个简单的道理展开：**如果你仍在铺天盖地投放广告，用狂轰滥炸的方式宣传产品和服务，一味说服或引诱客户，那你可就大错特错了。**世道早就变了，彻头彻尾，面目全非。

浮夸的广告：消费者渐行渐远

传统营销方法就像早已被淘汰的电子产品或是前南斯拉夫一样，都是过去时了。尽管整个营销行业仍紧拽着过去的残迹不愿撒手，但显然大家已越来越力不从心。数字化革命和社会的转变带领我们进入一个全新的社交时代。

推陈出新并非坏事。科技的进步并没有令人类陷入类似《黑客帝国》中被电脑控制的噩梦里。相反，迎接我们的是更人性化的未来。同前两次工业革命一样，数字化革命也给商业造成颠覆性破坏。它不仅丰富了消费者与企业的沟通渠道，还带领我们进入一个全新的时代。在这个时代里，消费者的需求、价值观和关系网决定着企业的命运。对企业来说，重要的不再是品牌辨识度和产品质量，而是以真实、诚恳的态度来换取消费者的忠诚度，甚至是自豪感。而对消费者来说，他们想要的是融入了上述所有特质的产品。

在社交时代，商业的本质不再局限于诱使顾客购买，营销人员也不能把购买者视为引诱或说服的对象。我们应该视客户为朋友，一群为了同一个目标、同一个理想奋斗的朋友。我们不应再像外界定义的那样，仅仅关注现有客户和潜在客户。在社交时代，企业的职责是与包括客户、员工、供应商、股东、甚至整个世界在内的所有利益相关者建立关系。简言之：如今的企业应该而且必须用处理人际关系的方式处理商业关系。无论企业的形象广告做得多么天花乱坠，也无法掩盖其与真实情况之间的差距。环顾四周，品牌形象倒塌的实例随处可见。

案例分享 CAN'T BUY ME LIKE

一次媒体公关失误，十亿美元付诸东流

你也许知道美国前进保险公司虚拟出来的形象代言人弗洛(Flo)，她总在宛如天堂的前进保险营业点里，笑容满面地帮客户挑选最合适的保险理财产品。弗洛是个人见人爱的姑娘，热情

活泼，总是毫无保留地为客户服务。自2008年以来，前进保险为了树立亲切可爱的公司形象，投入了10亿美元的巨额广告费用。情况与公司高层设想的一样，弗洛深入人心，前进保险备受瞩目，然而一件事的发生，颠覆了他们在公众心目中的形象。2012年8月，前进保险投保人凯特琳·菲舍在一起交通事故中丧生。她的弟弟马特·菲舍打电话向保险公司索赔遭拒，于是义愤填膺地在博客上控诉前进保险为了逃避赔偿，甘愿为闯红灯且害死投保人的肇事者辩护。不出所料，此事在社交媒体平台引起轩然大波。网民们争相抨击的对象会是谁？当然是那个人见人爱的弗洛，正是她蒙蔽了大家的双眼，令所有人都没能看穿前进保险的真面目。以下是部分网友评论。

Stepto：好消息是前进保险公司近期的所作所为终于让我脱离对弗洛的痴迷了。

NickadooLA：如果有消息称前进保险的弗洛害死所有投保人，我也不感到吃惊。

iamledgin：前进保险有史以来最糟糕的广告是弗洛在广告里害死了某个伙计的姐姐。

EricDSnider：我恰巧知道弗洛那小妞儿还是前进保险的CEO。如果在街上撞见她，一定要把她揍得鼻青脸肿。

在强大的舆论压力下，前进保险被迫重新评估凯特琳·菲舍的车祸案，并做出了赔偿。与此同时，弗洛像一个逃亡者一样突然销声匿迹，在相当一段时间里再也没有出现在前进保险的天价宣传广告里。

真相总会显现，待事实被揭发，公众就会觉得受了蒙骗，而不符合事实的品牌形象也会给企业造成难以弥补的损失。在社交时代，品牌不再仅仅反映企业想塑造的形象，品牌与外界密切合作的同时应保证与企业内核相符。这种全新的经营方式是对企业的一个挑战，因为改变经营策略对任何一家企业来说都不容易。

企业命运已被 70 亿人掌握

你已经知道了社交时代的降临，但现在还不是哀叹世事变化过快的时候。时代转变带来的阵痛，就像城市建设时的交通改道，短期内可能造成不便，但它有利于长远发展。无论是小公司还是跨国企业，想要实现可持续发展，就必须做出调整，尽快适应社交时代。这将比任何一种表面上最有效的大众营销都要行之有效。

社交时代的营销方法不仅能赋予企业新的价值和意义，还会帮助企业以更低的成本实现更强势的业绩增长。尽管我们不是数据分析专家，但可以肯定的一点是，在其他因素不变的情况下，削减广告成本就是提升投资回报，节省下来的资金可投资到其他项目上或直接计入总资产。社交时代的到来，不是因为它比过去拥有多少优势，而是因为这是社会发展的必然，优胜劣汰的自然法则不容置疑。

报纸、杂志、广播、电视等传统媒体的失利和广告投放不精准造成的损失，颠覆了市场营销的秩序。随着消费者对广告越来越厌烦，企业传递信息的成本越来越高。与此同时，互联网摧毁了阻隔在企业与广大消费者之间的那堵高墙。

过去，企业和品牌尚可隐藏在无法攻破的“要塞”里，如今一切都曝露在光天化日之下。得益于社交媒体的兴起，信息得以在全球范围内传播。除了产品和服务，公众还开始关注供应商的企业文化和与价值观有关的举动。数据显示，消费者对品牌的信任度比高质量的产品和优惠的价格更有竞争力。图I展示了成就社交时代的四种力量。

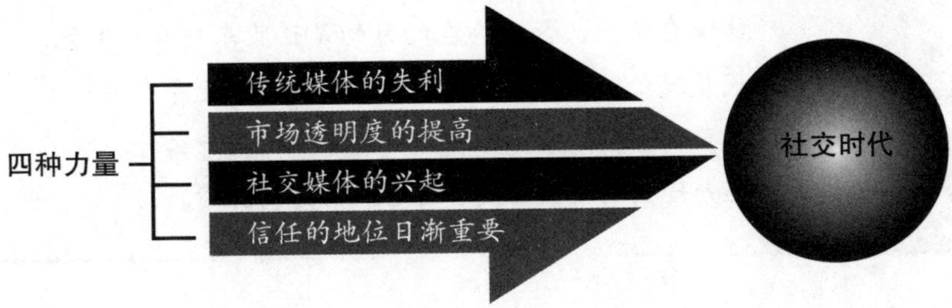

图I　成就社交时代的四种力量

这种情况史无前例，因此各企业陷入左右为难的境地：要么进一步削减广告预算，继续为难同样度日维艰的广告公司——这是收益降低的必然选择；要么潜心经营社交媒体，让"喜欢"取代交易。在过去的几个世纪，大众营销（Mass Marketing，指营销人员以相同的方式向市场上所有的消费者提供相同的产品和进行信息沟通，即大量生产、大量分销和大量促销。——译者注）轻松吸引到大批追随者，这在社交媒体上几乎是不可能实现的。

事实上，想在社交时代收获大批消费者的方法只有一个：用企业核心目标（Core Purpose，作者将在后文对此加以解释。——译者注）来塑造企业品牌，而不再依靠广告、新闻稿、口号、优惠券、赞助商甚至产品。定义并内化后的企业核心目标是品牌存在的唯一理由，它将始终与客户、员工、股东、经销商、供应商、竞争对手、政府及媒体相互作用。这绝非过去那种虚假的"形象打造"，而是一段稳定关系的开始。这些关系经过口耳相传，在商机无限的网络世界不断延伸。"践行企业文化、兑现承诺，才能逐步建立起信任和友谊"，这听起来像是童子军的信条，但它真的有助于提高客户价值，降低推广成本，拉升公司股价。

点『赞』之笔

传统意义上，企业存在的目的是让股东利益最大化，而现代管理之父德鲁克认为，企业的目的不是存在于壮大自身，而在与服务顾客。顾客决定了企业是什么，决定了企业生产什么以及企业是否能够取得好的业绩。

社交时代并不难适应。你不用放弃营销法则中的4大神圣要素——产品(Product)、促销(Promotion)、价格(Price)和渠道(Place)，但要注意必须与社交时代的3C——商誉（Credibility）、关心（Care）和一致性（Congruency）相结合。因此，企业能否兑现承诺并赢得公众信任，是否足够了解消费者需求并全力满足，每个举动是否与企业文化和价值观相一致，就变得至关重要。

正如我们将在下文提到的，3C中的最后一个C——一致性，扰乱了以成交订单为核心的传统营销模式。迄今为止，营销一直以产品为核心，但是如今企业面临一系列新问题：

- 产品怎么赢得客户青睐？
- 哪些因素吸引了客户？
- 哪些因素让客户失望？

的确，这双运动鞋挺合脚，这只灯泡挺不错，这个靠走廊的座位挺好，但是，你是谁？美国银行、耐克、通用电气甚至“爱吹嘘”的苹果公司都后知后觉地发现，“你是谁”这个问题彻底改变了商界的游戏规则。如果你的答案无法让客户满意，企业很有可能被市场淘汰。不管你是否承认，也不管你是否接受，事实就是这样。企业的命运不在你手里，它早已由全球 70 多亿人掌控。因此，现在是与所有利益相关者携手合作的最佳时机。

对于那些坚持用浮夸的广告标语定义品牌的人来说，这个结论不免荒谬。他们会说："携手合作？你干脆建议我用撕花瓣的方式预测未来算了。"但现实中，连最顽固的人也意识到情况发生了改变。大家通过浏览 Facebook、Yelp（美国最大的点评网站）以及 Tumblr（全球最大的轻博客网站）等来评估品牌的价值。他们在这些网站上的搜索结果影响了他们与某个品牌的亲密程度，对品牌的推崇程度，以及对具体产品的看法和购买意向。不管他们对品牌漠不关心还是保持怀疑，甚至对品牌抱有敌意，都会对企业造成难以估量的损失。

问题是，面对如此复杂多变的人性，营销人员怎样做才万无一失？

社交时代如何收获大批拥趸？

本书将为你提供有关社交时代营销方法的一切答案。

书中案例能有效说明消费者时代正向快速崛起的社交时代转变，而这种转变令世界上最有经验的营销大师都头痛不已：

在阐释企业的存在意义后，本书将阐明企业从根本上改变与客户、员工、供应商、投资者及其他利益相关者关系的具体方法；

本书还会用大量数据和案例来说明，盈利并不是所有问题的答案。盈利不过是践行企业核心目标的结果；

最后，本书将指引你避开互联网上最常见的营销失误，避免你犯下你的同事和竞争对手可能正在犯的错误。

本书的面世将是一个历史转折，书中谈及的营销原则对于数字化革命、社交媒体的影响力不亚于蒸汽机之于资本主义。无论是1953年，1983年，还是2013年，企业与消费者之间建立起良好的双向关系都是比单向引诱和说服更有效的营销方法。

为了说明背景和原则，本书前几章会涉及多个领域，之后会逐渐缩小关注范围。本书以一项反映混乱现状的调查开篇，阐述数字化革命对媒体与营销这对共生体的分离过程。我们将证明，以往的经营方式已经不能适应时代的发展。接着我们要探讨社交时代中，所有人都必须面对的问题：**新的沟通方式、企业与消费者之间的信任以及正在改变的现实。**

好消息是，消费者心理的变化推动了社交关系的发展，重新定义了企业与大众间的沟通方式并强化了它的影响力。这种沟通建立在双方共同的利益、目标以及价值观之上，只有企业诚恳地接纳、满足大众的深层需求，而不是一味追求销量，共识才能达成。因此我们把所有组织的核心需求集中起来，将其定义并内化为社交时代的企业核心目标，而这个目标影响着企业所有内外部活动和所有利益相关者。

在这个问题上，我们将以顶级户外奢侈品牌巴塔哥尼亚（Patagonia）、美国大型甜甜圈连锁品牌卡卡圈坊（Krispy Kreme Doughnuts）、宝洁公司旗下的秘密（Secret）止汗香体膏、全球最大的B2C网络鞋店美捷步（Zappos）、休闲连锁餐饮店帕纳拉面包（Panera Bread）、美国著名棒球装备品牌路易斯维尔—斯拉格（Louisville Slugger）、女性卫生巾品牌高洁丝（Kotex）、美国著名家用清洁品牌第7代（Seventh Generation）、特色家居用品品牌Method、世界宣明会（World Vision）等企业为例。这些品牌，与其说是吸引了众多客户不如说是赢得了无数盟友，它们是社交时代企业的新榜样。

成为传奇听起来是挺不错，但我们是否也只能在酒店宴会厅里点燃营销人员的激情，现实中却只能任由他们湮没于平淡枯燥的日常业务中？本书会向营销人员传授非常实用的方法，一种在社交时代持续赢得消费者满意、信任、忠诚的思维模式。我们将在第 2 章里介绍的品牌可持续性地图是一种能够帮助你获得消费者信任，并最终取得成功的实操手段。

确立社交时代里“关系”的定义后，我们将列举社交时代的企业与已经过时的消费者时代的企业在经营理念上的差异。接着，我们将讨论社交时代中企业转型的方法，其中包括一系列引导转型的内部协议。我们还将驳斥“接纳社交时代等同于在半空中更换飞机引擎”这种普遍观点。这种转型将从企业理念和组织架构上颠覆企业的经营方式，进而极大地改变品牌与消费者的互动方式。

我们现在要面对的不是能否转型成功，而是怎么转型成功的问题。为了建立和谐的客户关系，我们制定了步骤详细的战术。战术覆盖范围广阔：从分析 Facebook 上公众“点赞”心理到评估品牌获“赞”重要性，从有效动员股东到不依靠大量媒体广告也能产生巨大市场影响力的方法探讨。总之：受人追捧远比追捧他人好。

忠诚度、二次传播、营销目的，这些词你过去一定听过。同样的，或许你想说成就社交时代的那四种力量你早就知道。经历这么多年的发展，所有人都确信营销行业已陷入混乱。每个市场总监都曾站在讲台上，对台下全神贯注的听众说出这么一条真理：“企业的命运已落入消费者手里。”未说出口且常常被忽视的言下之意是，企业要的不是简单的调整，而是根本性的变革。确实，要彻底改变营销策略，更重要的是要转变研究营销策略的心态，这一点上我们这类学者和商界精英们要担起重任。我们要以社会科学和商界已经形成的认知为基础，结合自己的思考成果、专有数据和丰富经验，为现代消费市场的营销人员树立一个榜样。我们的目标不仅是获得经济效益，更重要的是精神和思维方式上的革新。

看到这里，你可能要问："我凭什么听信你的胡言乱语，更何况你要改变的还是我的思维方式？我还不如去找牧师或者疗愈专家。"但事实是，关于思维方式的问题，你更应该听听我们的建议，因为我们是过来人，经验丰富。我们花了数年时间探究这些概念，考察它们的实际应用情况。我们知道社会对这些概念的反应。因为我们站在完全不同的角度，理解和研究社交时代正是我们毕生的事业。

下面，我们来说说本书的作者。道格·莱维（Doug Levy）是一家名为 MEplusYOU 的战略创新公司的创始人兼 CEO。道格同时也是自觉资本主义运动（Conscious Capitalism movement）的先锋人物，过去十几年一直与合伙人一起研究制订社交时代营销人员行为准则。他服务过的对象包括宝洁、可口可乐、无线电器材公司、辉瑞公司、通用磨坊、三星以及法国的达能集团。

点赞之笔

对企业来说，重要的不再是品牌辨识度和产品质量，而是以真实、诚恳的态度来换取消费者的忠诚度，甚至是自豪感。而对消费者来说，他们想要的是融入了企业精神特质的产品。

另一位作者鲍勃·加菲尔德（Bob Garfield）是网站记者兼顾问，网站上的自我介绍是"广告界和营销界最著名的评论员和分析师"。在近 1/4 个世纪里，他的角色一直是知名广告评论家。早在 2005 年，他就曾预言过如今困扰全球营销人员的"混沌情景"。同年，他还撰写论文《倾听经济学》（*Listenomics*）研究挖掘数据和聆听社群的重要性提高的问题，但业内人士对此嗤之以鼻。如今，为了在混沌中开辟一条出路，反对者们不得不耗巨资向鲍勃求助。融合了鲍勃的实用主义理论和道格丰富的实战经验，这本书为渴望在变革浪潮中保持繁荣的企业指明了道路。

总的来说，我们提供了一种全新视角来定位企业以及营销人员的身份。**唯有驱动力来自人性时，企业才能实现可持续发展，营销人员的明天才更光明**。你再也不用一大早从床上爬起来，紧绷神经地销售产品，小心翼翼地讨好客户。相反，随着每天早上醒来，你与客户的关系就会更进一步，销售产品更有动力，工作也更有意义。此外，对企业、股东以及营销人员而言，本书提供了发展所必需的强大驱动力。

CAN'T BUY ME LIKE

第1章

社交时代呼唤“接地气”的企业

每年广告费高达20亿美元的花旗银行，客户净推荐值全行业最低，而营销预算基本为零的美捷步，却创造了客户好感度神话。

380万美元的“超级碗”广告不能为通用汽车换回1%的广告转化率，而380多万“粉丝”却将卡卡圈坊的股价拉升了88%？

面对变幻莫测的市场中，营销怎么做才能吸引客户？面对互联网营销这片未知海域，企业要掌握什么新技能才能乘风破浪？

每一次道别都包含失落，以及新获得的自由。

——梅森·库利（美国作家、警句家）

过去，营销是一件易事。在广告创意革命早期，美国广告界首屈一指的创意指导乔治·路易斯（George Lois）仅用一句“我能让你的企业家喻户晓”就赢得无数客户。

乔治·路易斯没有撒谎。进入 21 世纪前，大众媒体广告确实可以为企业吸引广泛关注，进而财源滚滚。生产厂家只需要做一件事情：购买广告版面。剩下的事情交给哥伦比亚广播公司（CBS）和《生活》杂志（*Life*）就好了。然而，乔治·路易斯不知道的是，大众营销会在繁盛 3 个世纪之后，遭遇新时代的毁灭性打击，而曾经让他辉煌一时的诺言也即将失效。

大众营销起源于 17 世纪的荷兰和英国，前后持续了大概 300 年。一开始是注重产品和服务内在特质的产品时代。那时的广告真是简单又夸张！例如 Wonderfull Vertues 牌香烟 1659 年的广告语：“Wonderfull Vertues 牌香烟，包治百病。”现在看来，不免让人觉得天真可笑。

直到 20 世纪中叶，这样的情况都没有出现太大改变。广告依然在想方设法地赞美产品，而不考虑其真实性。好彩（Lucky Strike）香烟率先将制作烟草必定会有的加热过程设为销售主张：“这是经彻底烘烤过的香烟！”百利发乳（Brylcreem）用明快的语气强调：“百变造型，只需一点点！”人造黄油品牌Blue Bonnet之所以能家喻户晓也是得益于其极具煽动性的广告语：“无论吃什么，配上Blue Bonnet，更好吃！”然而事实上，并非所有事物都与Blue Bonnet的口味相合。

从1965年到你翻开这本书的大约5分钟前是大众营销时代的第二阶段，即消费者时代。在这个时代，营销不再强调产品特质，而是以攻占消费者的心智为主要目的。

万事达卡（MasterCard）的“Priceless Cities”计划（本计划为万事达卡的用户提供专门的购物刷卡优惠服务。——译者注）就是一个极佳的例子。耐克的“Just do it”更是符合这一特征的经典案例。消费者时代的广告营销活动分四步：

- 通过市场调研了解受众需求；
- 发掘满足受众需求的产品特质；
- 制作能给受众留下深刻印象的广告；
- 将广告投放到目标受众青睐的媒体平台上。

那么为什么要改变这种做法呢？将目标受众感兴趣的信息投放到他们会看到的媒体平台上何错之有？竞争对手不都在这么做吗？宝洁、麦当劳、丰田，还有成千上万家公司都通过这种满足受众需求的策略收获了巨额利润。我们有三大理由解释为什么现在要抛弃这种通用的营销手法。

人人都有营销话语权

虽然宝洁、麦当劳、丰田利用传统广告为自己赚取了巨额利润，但我们依然要说，大众营销失效了。**第一个理由是，这种方法容易引发市场混乱。**

一切要从传统媒体和大众营销在数字化革命中的瓦解说起。这场混乱始于数字化革命的萌芽时期。从前，电影制作、书籍出版、视频拍摄的成本非常高，只有少数资本雄厚的企业才有能力配置昂贵的摄影棚、印刷机、广播塔以及信号传送器等。而如今，成本不过是一部 iPhone 手机的价格。由此导致的供给过剩使得这些资本密集型平台不再稀缺，进而破坏了整个行业的盈利模式。

1979 年 4 月 9 日，美国人口只有现在的 71%，电视剧《全家福》(*All in the Family*) 吸引了 4 000 多万观众。2012 年 4 月 9 日，黄金档的最后 1 小时中，排名前五的 5 家英语广播电视网总共才吸引了 2 970 万观众。全美 40% 的家庭拥有 DVR（数字硬盘录像机），50% 以上的用户会使用 DVR 跳过广告，这就使得五家电视网黄金时段的广告收视率大大下降，观看广告的观众平均不到 2 000 万人。当然，2.95 亿美国人大部分还是在目不转睛地盯着电视机，只是注意力被 1 000 个有线电视频道瓜分了，包括葫芦网（Hulu）、YouTube、Netflix（美国在线影片租赁提供商。——译者注）等。这就是大众媒体的天敌——不断分裂进化的市场和消费群体。

1979 年，也就是《全家福》热播的那年，美国每日的报纸发行量达 6 220 万。到 2011 年，这个数字已跌至 4 440 万，下降了 29%。过去 15 年，因为克雷格列表网站、Monster.com 网站以及其他类似网站的掠夺，印刷类广告总收入削减了近 67%。说到掠夺，苹果公司推出的媒体播放应用程序 iTunes 对传统唱片行业的轰炸仿佛发生在昨天。另外需要补充一点，2012 年为 iTunes 创造 86 亿美元收益的下载量，其实不足全球下载总收益的 5%。另外 95%，即 1 730 亿美元，则被盗版市场瓜分。

点『赞』之笔

CTR 市场研究公司数据显示，2010 年中国观众选择使用电视观看电视剧的有 91.8%，选网络视频的有 80.2%，两者仅仅相差 11.6%；电视观众每天看电视剧时间为 32 分钟，而网络视频的观众单次人均观看时间超过 100 分钟；2010 年下半年，通过网络收看电视剧的观众数量增加 45.1%，而电视观众的增幅只有 18.2%。

数字化革命并未就此结束。杂志已被打垮。2000 年以来，广告页面减少了 42%；2007 年以来，广告收入下降了 550 亿。好莱坞也被打垮。2011 年的电影学院招生数量达到了 20 年来的最低值。Netflix 这类在线影片租赁提供商的危害更大，更别提 BT 下载软件了。商业电台也被打垮。过去十年，50% 的年轻观众转投数字设备的怀抱。有线电视也命不久矣，用户迟早会发现他们可以利用网络找到大量免费内容，而不用按月向时代华纳（Time Warner）、康卡斯特（Comcast）等有线电视服务供应商支付费用。瑞士信贷（Credit Suisse）的互联网分析师埃姆兰·可汗（Imran Khan）说："28% 的有线电视用户表示愿意用 Boxee、葫芦网、Netflix 和 YouTube 替代有线电视。" 著名市场调研机构尼尔森公司（ACNielsen）指出，全美有 4.5% 的家庭拥有宽带，但没有使用有线电视，而且这一比例正在迅速上升。这一情况被《连线》杂志（*Wired*）称为"涅槃"。传统图书出版业也受到电子书、自助出版公司以及亚马逊网站的围攻，市场占有率急剧下跌。2011 年，电子书的销量甚至超过纸质书。珍惜阅读纸质书吧，这样的机会不多了。

接下来，我们聊一聊被广告商视为救世主的互联网。广告商们认为网民的浏览记录能够帮助他们实现长期以来的愿望：精确锁定目标客户。虽然目前广告商对监管机构的忌惮，以及法律对公民隐私权的保护，有效地限制了他们获取公民的上网信息，但我们相信，他们早晚会得手。但这些都不是重点，真正的重点是，分裂是大众营销的天敌。互联网不只是分裂，而是超级分裂，分裂到无以复加的程度。成千上万的网站中，真正有影响力的网站非常少，实现盈利的网站就更少，甚至 99% 以上的网站永远不可能盈利。

那些已经把实用性和内容可读性完美结合的著名网站，能够盈利也只是得益于风险投资者的资助和普通网友的义务劳动。源源不断的在线内容意味着无限量的广告投放载体。在供求规律的作用下，这必然推动广告价格持续下降。我们来算一笔账：趋近于零的千人成本（CMP）× 极少量被吸引的眼球数 = 微不足道的收入流（Revenue Steam）。据统计，全世界大约有 3.5 亿个网站，除电子商务网站外，只有几千个网站在盈利，其中绝大多数还都是色情网站。

更惨烈的现状是，数字化工具除了帮用户躲过电视广告外，也帮助他们避开了大多数在线广告。诸如垃圾邮件过滤器、广告拦截软件、反广告助手等软件多如牛毛。回想一下，你有没有点击过网站上的横幅广告，我想如果不是操作失误，你一般是不会去点的。

这是一条复杂的悖论：重要行业的经济革命会拖慢经济发展。这条悖论应用在营销行业，不仅不利于投资商，对消费者时代的营销人员也有害无益。尽管数字化革命将营销话语权从拥有大量资本的寡头那里分散给更多人，但它也彻底杜绝了任何一次性吸引众多用户的可能。工业革命的革命性在于它开启了规模化生产，提高了生产效率。数字化革命却摧毁了规模经济，同时引发了市场巨变。

顺势而为，不砸钱也能畅销

引发市场巨变的第二个因素是经济生态环境的变化。消费者时代的营销活动就像火箭发射，企业需要不断燃烧昂贵的燃料才能赢得客户。这种昂贵的燃料就是广告，消费者时代的特点就是生产商砸钱、砸钱、砸钱；广告商狂欢、狂欢、狂欢；消费者购买、购买、购买。广告和促销的有效期非常短，生产商耗费巨资却只能获得很少收益。投放广告，销量就上升；一旦停止，销量立刻下滑。过去，领先美国市场的牙膏品牌是白速得（Pepsodent），他们的广告语是："用白速得刷牙没有牙渍！"。自从白速得多年前开始停止投放广告后，现在已沦为排名第十的牙膏品牌，市场份额也降至1%。

谈到经济生态环境，就一定要说说我们最喜欢的一个案例，科罗拉多州旅游业的兴衰过程。

在20世纪90年代初，科罗拉州打算投入大量资金发展当地旅游业。每年1 200万美元的广告活动，很快令科罗拉多州雄踞全美旅游景点排行榜榜首，之前它只排在第14名。但好景不长，科罗拉多州爆发了一场抗税运动，征收2%旅游税的议案公投失败，广告预算变成了0。一年内，科罗拉多州的旅游排名跌至第17位。不到两年，丧失市场份额30%，经济损失14亿美元。

科罗拉多州旅游业的兴衰足以证明广告的力量以及传统广告策略的局限性。一旦关闭燃料阀门，发动机便停止运作，影响力马上消失。

随着大众营销和传统媒体的衰落，"燃料成本"越来越高。新时代的企业需要一套可以持续发挥影响力的营销方案。

我们并不是在贬低广告。恰恰相反，广告价值是我们研究和实践的重点，更是学术探索的核心。劲量兔子（EnergizerBunny）是20世纪末知名度最高的广告形象之一。这只长着一对长耳朵、用双手敲鼓的兔子代表了一种叫做"极限商品演示"的营销方法，它有效地展示了产品独特销售主张：长寿命电池。劲量兔子也因此成了"长久、坚持和决心"的象征。此外，20世纪60年代的大众汽车广告，乔治·路易斯的"我要麦宝玉米片"，萌宝视频短片（Etrade baby），苹果公司以小说《1984》为背景制作的广告，智威汤逊公司的"钻石恒久远，一颗永流传"广告语，以及万宝路香烟广告里的牛仔形象等经典广告都大受欢迎。

麦迪逊大道（Madison Avenue，纽约曼哈顿区的一条著名大街，美国许多广告公司的总部都集中在这条街上，因此这条街逐渐成为了美国广告业的代名词。——译者注）靠信口开河安身立命，这是常识。到这里，我要引用广告界最重要思想家鲍勃·加菲尔德的话，这是他在2003年发表的宣言：

> 首先，打广告还是有效果的。再糟糕的广告也可以说明产品特质，提高品牌知名度，全国性广告效果当然更明显。其次，大多数广告制作精良，既能打造品牌、培育市场还能创造财富，服务本国经济，繁荣全球市场。

其实，我们并非仇视过去的方法，我们相信广告的价值。广告不会消失，也不应该消失。只是广告即将丧失在商业生态系统里龙头老大的地位。这一观点得到全球最大广告商宝洁公司的总裁兼 CEO 麦睿博的支持。2012 年，麦睿博将付费媒体广告预算缩减到 100 亿美元，他是这样解释的：

> 我们正在将更多的业务转移到网络世界，那里的营销方式更为丰富。借助 Facebook、谷歌以及其他平台，创意广告的回报率不断提高。比如我们上传到 YouTube 的 Old Spice（宝洁旗下的男性护理品牌。——译者注）“猛男秀”，吸引了 18 亿人的“免费”浏览。类似案例随处可见，不胜枚举。

有一就有二。2012 年 6 月，戛纳国际创意节（Cannes International Festival of Creativity）上，我们遇见了当时通用汽车的市场总监乔尔·伊万尼克（Joel Ewanick）。他刚刚经历两次公关危机：继宣布取消与 Facebook 的 1 000 万美元广告合约之后，又于 5 月 18 日宣布通用汽车决定取消赞助 2013 年的橄榄球超级碗大赛。后一项举措令外界开始质疑伊万尼克的决策能力和理性程度，但他只是无所谓地耸了耸肩膀。

“预算表里的每个数字都需要重新评估。”他解释说，“没有不可撼动的项目，国家橄榄球联盟（National Football League，简称 NFL）和美国职业棒球大联盟（Major League Baseball，简称 MLB）也并非神圣不可侵犯。”“棒球、热狗、苹果派和雪佛兰”的广告语要改写了。更确切地说，数字化革命的浪潮不可抵挡。

伊万尼克还说：“要知道，电视广告之前，我们先投放了 5 个月的网络广告，结果是，这款车成了同类型中最畅销的一款。如果一年半以前你问我是否会在不播电视广告的前提下推出一款车，我一定会答‘门儿都没有’。”是的，如今有门儿了。

获“赞”新法宝：非迎合式倾听

正如前文所说，更加丰裕的资源和传统媒体的瓦解于现状不利。但消费者时代的日薄西山，还有第三个更重要的原因：**目前通行的企业经营方式存在缺陷**。大众广告和大众媒体推动了批量生产和批量分配，而前面两者的共生关系夺走了人们对系统内在弱点的关注。在产品时代和消费者时代，企业受制于多种因素：消费者需求（包括实际需求或者名义需求）、竞争对手的营销活动以及资本市场的紧缩。针对市场变化，企业会迅速自我调整，而这恰好把他们引入歧途。

企业自省比迎合市场更重要，毕竟大众目光短浅且喜好无常。这条建议似乎有悖常理。社交时代的一个关键点就是，企业首先应该关注自身，而不是一味迎合大众口味。1885 年，公众想要的不过是更舒适的马车。20 年前，我们绞尽脑汁也想不到一杯咖啡能卖 4 美元。正如苹果公司创始人史蒂夫·乔布斯解释没做市场调研就开发 iPad 的原因一样，“消费者没有义务去了解自己的需求”。这话听起来不免傲慢自大，但萧伯纳也曾用同样的口吻表达过类似的观点，他写道：“理性的人让自己适应社会，非理性的人总是坚持让社会适应自己，所以，所有的进步都得靠这些非理性的人。”还有《哈姆雷特》里的波洛尼厄斯，作为一个睿智的虚构人物，他建议儿子雷欧提斯去英格兰，并且一定要“坚信自己是正确的”。

就是这种想法让企业和营销人员陷入了如今的尴尬境地：内化后的企业核心目标不可动摇，这是与倾听客户，服务客户，以客户为中心的概念相冲突的。我们作为“倾听经济学”的大力追捧者，竟然提出应该坚持自我而不是倾听市场，简直无比虚伪，甚至大概只有精神分裂症患者才会说出这么自相矛盾的话来。但在随后的章节里，你将看到我们不是提倡乔布斯式的独断专行。我们坚信企业必须倾听市场，但在此之前企业更应该倾听自己的意识。因为，真正的人际关系并非建立在谄媚之上，而是平等之上。

点『赞』之笔

企业首先应该关注自身，而不是一味迎合消费者。众口难调是原因之一，更重要的是如果想与消费者建立真正的“人际”关系，必须要遵守人际交往的前提：双方地位平等，相互尊重。

毫无疑问，人人都希望自己被倾听，被关注，被尊重，被平等对待。但至今没有证据说明人们希望“被迎合”，不论是在政治选举、娱乐活动，还是其他方面。一味谄媚或卑躬屈膝，无法建立起彼此尊重的人际关系。你是否有过因为酒店或餐厅服务员太过谦卑而尴尬的经历？你又是否知道，有些地方的人是出于强烈的仇视心理，而对你笑容满面、恭敬有礼？那些牺牲核心目标讨好客户的企业，根本没有自尊，也无法受人尊重，又怎么可能有所成就呢？这就可以解释为什么人们会对这样的企业冷嘲热讽了。正所谓，己所不欲，勿施于人。

在社交时代，我们更青睐保持本真的品牌和个人。

CAN'T BUY ME LIKE

第2章
关系营销，将“赞”换算成股价

一句“把人当人对待”让海底捞成为中国餐饮界的苹果公司；一次营销活动之后，微软邮箱就占领了全墨西哥82%的市场。

得益于信息爆炸与网络分享，消费者不再满足于优质的产品和服务，他们变得更严格，也更值得亲近。

关系汇聚了我们，它赋予了生活目的和意义。

——布芮尼·布朗（社会学家、《脆弱的力量》作者）

我们来做一个简单的测试：如果在搜索栏里输入“我喜欢苹果产品”，得到的相关结果约327万个。输入“我喜欢星巴克”，相关结果约270万个。我喜欢“美捷步”，约119万个。

输入“我喜欢花旗银行”会如何？搜到的相关结果约2.11万个。搜索“我喜欢AT&T公司”，相关结果约0.789万个。搜索“我喜欢埃克森美孚公司”，相关结果约0.473万个。而“我喜欢陶氏化学”的相关结果只有3个！全球70亿人，喜欢陶氏化学的只有3个！要知道，即便搜索“我喜欢撒旦”也能得到约29.3万个相关结果。而花旗银行、AT&T公司、埃克森美孚等企业每年的广告支出都在20亿美元以上。**事实证明，金钱真的买不到爱，甚至连喜欢都买不到。**

这种测试方法可能不够严谨，但仍明确揭露了营销界的三大真相：

- 人们会自觉地向世界宣布他们喜爱的品牌。大家示爱的对象不是某个人、某件艺术品或者某道甜点，而是某种产品或服务。恭喜你！真的有人在意你；

- 所有品牌都在经受这样的考验，公众虽然不刻意关注你，但他们时刻都在观察你、议论你，检验你。例如，如果搜索“我讨厌埃克森美孚”，你会得到216万个相关结果，这还不包括Facebook上的数据。这些表达好恶的评价，正是企业与消费者互动的结果；
- 过去只有企业内部或高层才知道的机密，现在却在互联网上蔓延，所以企业只有谨言慎行、诚实守信、品味高尚甚至慷慨公正才有可能赢得公众青睐。而一旦有违道德标准，又被抓个正着，后果将不堪设想。互联网时代的资源共享和透明化，使得消费者审视企业时，除了以产品质量为标准，还可以考核其言行。也就是说，商誉可直接换算成商业资产，这在商业史上还是第一次。

这就是社交时代，即现代商业第一阶段。在这里，决定企业成败的不是企业口号，不是产品，而是你是谁。而且用户很容易就能发现你到底是谁。你也可以在网络上搜索自己的公司，以往所有举动，历历在册，且将永久保存。

在社交时代，企业必须满足消费者的诸多要求，除非是像埃克森美孚这样的工业巨头。企业必须符合社会道德标准，必须维持完美的客户关系，必须经常与包括员工、供应商、分销商、零售商、政府部门以及各界利益相关者保持联系与合作，而且，必须赢得他们的信任。赢得信任并非手段，而是目的。这个问题我们将在下一章里详细探讨。这里只想强调一点，在过去，赢得消费者信任不过是一种增加销量、扩大市场份额的有效手段。如今，客户的信任对其购买意向的影响力前所未有。但想准确理解实际应用中二者关系的话，必须明白这一点：

信任和购买意向是两个相互独立的变量，它们并不存在完全的依附或联动关系。

尽管如此，我们还是有必要弄清楚这个问题：消费者的信任和品牌形象哪个更有价值？

品牌与市场调查公司 CoreBrand 的 CEO 詹姆斯·格雷戈里（James Gregory）说：“在我们看来，企业与消费者的交流包括企业的一切言行。我们调查的广告费用只是其中一部分，我们的研究不仅限于这部分。除了对外沟通方式和内容，业务流程、企业文化和行为也被纳入研究范围。我们将包括前台接听电话的方式在内的企业行为，统称为全方位品牌体验（Total Brand Experience）。是的，这些事情再也瞒不住了。”

CAN'T BUY ME LIKE

点『赞』之笔

美国哥伦比亚大学的伯德·施密特博士（Bernd H.Schmitt）在他的著作《体验式营销》（*Experiential Marketing*）一书中将品牌体验分为两种类别、五个方面，一种是消费者在其心理和生理上独自的体验，即个人体验，例如：感官（Sense）、情感（Feel）、思考（Think）；另一种是必须有相关群体的互动才会产生的体验，即共享体验，例如：行动（Act）、关联（Relate）。

为应付这种局面，**企业必须彻底转变经营理念，调整内部结构，尤其要加强与消费者互动，全面适应社交时代的来临。**在消费者时代，企业像一个冷漠的投机分子，一个流连酒吧寻欢作乐的人。而社交时代里，它们则更加浪漫或者稳重，强调建立常规的人际关系。

我们知道这不是什么惊天秘密，也很清楚所有的销售都要建立客户关系。每一个请客户打高尔夫的业务经理，每个被客户投诉但仍希望保住这单生意的销售代表，每个向投保人寄送贺卡的保险经纪人，每家向常客提供回扣的航空公司，每个收集电子邮件地址或邮政地址、电话号码的销售员，都是在竭力与客户建立关系。

但我们强调的并不是这种人际关系，企业想要的是有助于业务成交的人际关系。上述那类关系有可能长期维持，也有可能实现互惠互利，但同样也容易流于表面或沦为投机分子的工具，甚至还有可能滋生腐败。尽管那样也能产生经济效益，但被赤裸裸地当成一种利己工具的人际关系，与真实的人际关系还是截然不同的。

英裔美国诗人、散文家威斯坦·休·奥登（W. H. Auden）对人际关系的理解非常透彻："几乎所有人际关系都以双方相互利用开始，以精神或肉体上的以物易物得以维系，以一方无法供应另一方所需宣告终结。"奥登所说的"以物易物"不过是一种隐喻，但用来解释商业关系倒是恰如其分。奥登认为人与人之间的"价值"是指"交换价值"，"分享"往往意味着"利益分享"。但是，纯粹的人际关系并非交易。这又产生了一个悖论。

美国连锁餐厅的"海底捞式"服务

为了成交而讨好客户，往往给人留下虚伪的印象，不利于双方建立稳定的合作关系。此外，我们发现了比网上浏览记录更重磅的指标：欣赏和信任。调查显示，基于欣赏和信任的和谐关系能带来巨大经济利益。这样的人际关系实际上是一种商誉，它不仅能推高股价，降低推广成本，提升投资回报率和收益，还能为企业打造超凡形象，一种远远超越其他同类企业的形象，一种吸引更多用户自动追捧的形象。

下面这幅品牌可持续性地图（如图 1.1），将反复出现在本书里。

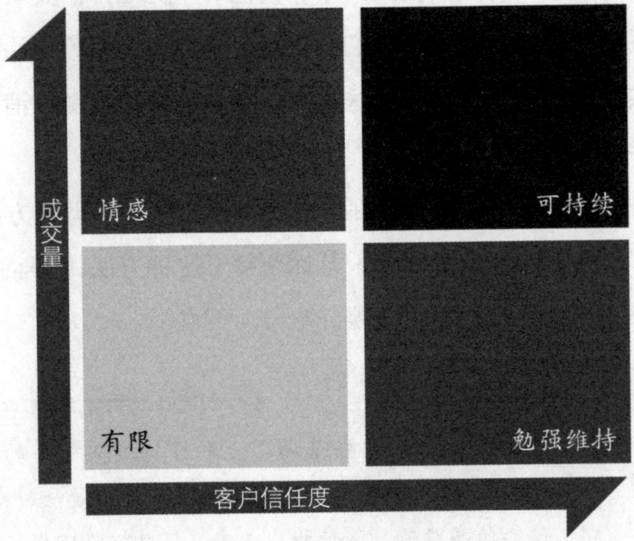

图 1.1　品牌可持续性地图

MEplusYOU 公司的研究员首先调查了企业与消费者的信任关系，然后据此分析那些在市场上占主导地位的企业的状况。

地图中，以成交量为 x 轴，以客户信任度为 y 轴，创建 4 个象限。

落入第三象限“有限”象限里的都是失败的企业，它们销量持平或正在下降，得不到客户尊重，苦苦挣扎。

第四象限是“勉强维持”象限，这里的企业也得不到客户尊重，不能引起客户情感共鸣，仅仅以价格优势挽留消费者。

第二象限“情感”象限里的企业，则是以客户的信任优势，弥补了品质不佳、派送地区有限、价格偏高等等劣势。

最后是第一象限的瓦尔哈拉殿堂“可持续”象限。好市多、西南航空、苹果公司、亚马逊都处在这个象限里，其中亚马逊处在这个象限的最右上角。与“可持续”象限相对的“有限”象限的最左下角里隐藏的是基地组织和美国航空公司。随机调查里，消费者先为给定类别里的品牌投票，再根据投票频率和其他 3 个标准评估其对品牌的信任度，更加详细的调查方式我们会在后文里说明。因为无法获悉各品牌的真实销量和市场占有率，这种方法应该算是目前衡量消费行为最准确的手段了。

现在，我们将关注重点放在地图上，而不再纠结调查方法和你们公司在哪个象限的问题。因为一旦你理解了这种方法，明确品牌定位、预测未来发展都将只是小菜一碟。

点赞之笔

建立在欣赏和信任基础之上的可持续关系，的确能带来巨大的经济利益。这样的人际关系实际上是一种商誉，它不仅能推高股价，降低推广成本，提升投资回报率和收益，还能为企业打造超凡形象，一种远远超越其他同类企业的形象，一种吸引更多用户自动追捧的形象。

这项调查反映了很多现实，比如在社交时代，常胜将军是存在的。最知名的品牌往往很少打广告，因为完全没这个必要。他们既明白对消费者冷漠的代价很昂贵，也了解公众的敌意能摧垮企业，而他们的信任则是无价之宝。

那些误打误撞发现了这些道理的公司可能为之欣喜若狂，也可能对此置若罔闻，但那些真正领悟这些道理的公司则会把它作为自己的经营宗旨。拥有 1 500 家连锁快餐店和咖啡馆的帕拉纳面包属于后者。帕拉纳的特点是新鲜出炉的烤面包、标准化的健康食材以及热情友善的服务。诚如董事长兼 CEO 罗恩 · 谢赫（Ron Shaich）所言，“帕拉纳的宗旨是‘传递正能量’以及提供人性化的服务。这是我们的营销目标，也是赢得良好口碑的燃料。营销的目的是强化客户体验，而不是欺骗消费者”。于是，他们实现了业绩增长，获得了商业成功。过去 15 年，帕拉纳咖啡馆的年均销售额从 110 万美元增至 240 万美元。这是客户和员工对企业的回报，二者相辅相成。

谢赫说：“曾有一个正在癌症化疗期间的佛罗里达女人写信给我。她说那天她光着头走进一家帕拉纳咖啡馆，一个店员走过来拥抱她，并问她‘我们可以请您吃午餐吗？希望借此表示对您的支持。’她深受感动，于是写了一封感谢信。我举这个例子是想说明，如果你为客户打造一个舒适体贴的休息环境，客户不但能感受到，还会记住你，感激你。”

这样的事件不仅可以打动客户，同时也会对员工产生积极的影响。

谢赫说：“有追求的公司应该赋予工作更崇高的意义。我们拥有 6 万多名员工，他们是帕拉纳的重要组成部分。照目前的情况发展下去，相信在三十几年后，将有成千上万的人成长为门店经理。我收到无数来信说，在帕拉纳工作是他们最宝贵的经历。”

谢赫还说：“利润只是副产品，是取悦客户得到的副产品。被取悦的客户会再次光顾帕拉纳，而且回来时总会留下些什么。”当然，这里面包括他们的钱。帕拉纳 2012 年的销售额是 20 亿美元，2000 年他们的股价还只有 15 美元，如今已涨至 169 美元，股价走势像华盛顿雷尼尔山一样陡峭。

社交网络，关系营销的培植液

在此特别声明：率先提出关系营销概念以及首个预测到社交时代到来的并不是我们。关于人际关系在营销中的作用，学术界已研究了三十多年，成果已经十分丰硕，有古麦森的《拓宽并细化关系营销》（*Broadening and Specifying Relationship Marketing*）、杰格迪什·谢斯和阿图尔·帕瓦迪亚合著的《生态紧迫性和营销的作用》（*Relationship Marketing in Consumer Market*）。其中谢斯和帕瓦迪亚尤其有先见之明，他们提出 19 种培养消费者忠诚度的方法，其中有相当一部分与我们的结论相符。而且早在 1995 年他们就预见到了社交时代的到来：

> 将来，营销人员主动与现有客户或潜在客户建立关系的营销方法将大行其道。科技的进步使得营销人员可以主动开发、维系客户关系，并大大降低其成本。社交营销时代即将到来，营销人员会认识到自身利益与客户利益是一致的，明白留住旧客户比不断开发新客户更能产生经济效益……不仅如此，市场也会发生根本性转变。技术不仅催化关系的形成，还能加速关系的巩固或破裂。得益于信息技术的发展，消费者与市场的联系将更加紧密。

应该特别注意的是，这段话不仅写于 Twitter、Facebook、YouTube 出现之前，甚至是在可怕的谷歌问世之前。如果他们说出蹩脚的纽约巨人队（NY Giants）会赢得 2012 年的橄榄球超级碗，那么他们就真的成了无所不知的预言家了。

《生态紧迫性和营销的作用》里还有一个高瞻远瞩的观点得到了苏格兰斯特拉思克莱德大学的教授迈克尔·约翰·哈克和伦敦密德萨斯大学商学院教授约翰·伊根的支持。谢斯和帕瓦迪亚发现 RM 市场营销学院（Reallan Marketing，即 RM，专注于市场营销，提供专业市场营销学策略和市场营销管理知识。——译者注）不过是因循守旧，毫无突破。2006年的时候，他们写道：“研究者根本不理解社交营销的真正价值，只会照搬一些常用概念。”他们推测这种现象的出现可能是出自对变化的恐惧。“如果社交营销成为企业经营策略的主要驱动力，那还要营销部门做什么呢？营销部门内部的社交关系又该怎样处理？”

唉，那些尸位素餐的人！

作为营销学者，我们的研究必须具备指导性和预见性。几句陈词滥调根本不能理清新时代营销人员与投资者、政府、社会的关系，不能指导企业在环境保护、商业实践、合法经营以及其他活动中的行为，更不能帮助品牌明确自身定位。对企业来说，全面接受并消化研究成果需要一个坚实的基础，即高层管理者完全接纳社交时代。企业想在社交时代有所建树，就必须彻底改造营销模式。这已经不只是一个学术问题，而是关乎企业生死。因为在一个沟通超级紧密、联系高度便捷的环境下，个人和企业的任何言行都可能产生强大且永久的影响。正如一只蝴蝶在东亚扇动薄纱般的翅膀，可能引起太平洋西岸某家企业的股价波动。

企业需要改变自身文化，依靠激励和授权的方式，颠覆现有的“指挥—控制”管理模式。企业必须认真倾听所有利益相关者的心声，寻求共同利益点与价值观。同时，还要真诚对待每一段看似随意的关系，因为这都是让对方产生好感、忠诚或者进行二次传播的机会，甚至还有可能就此进入对方关系网。

此外，改变还意味着企业必须正确理解社交平台的角色，尤其是微博、微信等新媒体，它们并非单纯的广告信息传播渠道，还是一个虚拟沙龙，一个可以分享观点、寻找知音、发现新知识、挖掘机会、建立关系的地方。为进一步说明，我们将在第10章里介绍一个实验。

点『赞』之笔

改变还意味着企业必须正确理解社交平台的角色，尤其是Facebook和Twitter等新媒体，它们并非单纯的广告信息传播渠道，还是一个虚拟沙龙，一个可以分享观点、寻找知音、发现新知识、挖掘机会、建立关系的地方。

实施这个实验的是一个坚韧不拔、富有远见的银行家，他利用极其有限资源实现了成功。

你也许会怀疑："如果花费1亿美元投放电视广告都无法赢得50%的市场份额，几条微博凭什么吸引一大批忠诚客户？凭什么一次性赢得多个有效客户好感？"我们的回答是，社交工具虽然不能点石成金，但在获取客户信任上确实有点魔力。这里，我们打算先以3个案例来佐证。

微软的情感共鸣战略

在过去的十年里，只有极个别有胆识的广告商敢做卫生巾广告，大部分都因为避讳月经这个话题而对女性用品讳莫如深。甚至有专门污名化女性生殖功能的书籍，硬生生将生命的奇迹扭曲成对女性生理期的尴尬。这种尴尬引起的羞耻感伤害一代又一代人。

金佰利公司（Kimberly-Clark，高洁丝属金佰利旗下品牌。——译者注）及其广告商Organic公司认为高洁丝不该继续这种避讳，而应肩负起消除偏见的重任，改变大家对卫生巾的印象。他们拍摄了一条主题为"不可思议"的广告视频，用一位在沙滩享受日光浴的年轻女子舒缓轻柔的旋转动作，来表达高洁丝为女性带来的舒适感和自由度。高洁丝还特意创建了一个名为“U”的网站，用来征集广告创意，展示产品的使用效果，并鼓励用户分享自己的经验。从官方Facebook、公司官网到在线广告，所有内容设计都以互动共享为基础。网站上还开设了生理卫生课，专门为用户答疑解惑。

当有人提出问题，就会有三个人来解答：一位生理卫生专家、一位母亲以及一位年轻女孩。同时，产品以鲜艳的颜色和抢眼的图案代替了原来淡雅的包装。

公司甚至还为年轻人专门开发了一款软件，鼓励他们自主设计包装，这一活动果然赢得二万多人的参与。正如“U”网站上宣扬的那样：“这不只是一个网站，而是一项旨在改变公众观念的社会运动。这项运动的代号是‘突破生理期’。”

金佰利公司的数据显示，截至本章完成，高洁丝在线活动参与人数超过 400 万，大约 300 万人索要过高洁丝的试用包。活动推出第一年，高洁丝的销售额上升到 7 500 万美元，市场份额达 4%；2012 年 8 月，市场份额上升至 7.8% 。

既然聊到少女，就要说一说墨西哥的成年礼“La Quinceanera”。在拉丁美洲绝大部分地区，为了庆祝女孩年满 15 周岁，家里通常会为她举行成年礼。墨西哥的成年礼仪式跟犹太教的坚信礼类似。

2011 年秋，微软想为诞生 15 周年的电子邮箱 Hotmail 庆生，却遇到一个大难题：虽然在墨西哥有 4 000 万人使用 Hotmail，但其中有多少人会在意它的上线纪念日？更何况 Hotmail 的地位远不如谷歌邮箱 Gmail。DoubleYou 广告公司的执行创意总监路易斯 · 盖坦向他的客户微软抱怨：“伙计，你们必须承认，Hotmail 是最烂的电子邮箱。”

微软对此心知肚明。虽然目前微软在墨西哥的市场占有率高达 82%，独立用户多达 2 400 万，但老用户转投谷歌邮箱的现象在别国先后出现，所以微软这次的营销活动至关重要。最终，微软想到将电子邮箱服务与墨西哥文化联系起来，从而引起用户情感共鸣，让用户注意到微软在改善邮箱服务上做出的努力。DoubleYou 因此联想到墨西哥的成年礼“La Quinceanera”，倡导邮箱用户给微软发送记录他们生命重要时刻的邮件。

这次活动中，微软收到了 8 000 多封邮件，信里写满了幸福与辛酸。

盖坦说：“来信内容各式各样，很多都与爱有关。对企业来说，全面接受并消化研究成果需要一个坚实的基础，即高层管理者完全接纳社交时代。有人写给自己的教授，告诉对方‘是你让我懂得，生命的意义不仅仅是活着。’有人写给暗恋对象：‘如果我是你的一滴血，我将不择手段攻占你的心房。’一位身在底特律的墨西哥移民写信给故乡的亲人：‘我患了癌症，很抱歉有生之年不能再回家了。’”

至此，微软的广告活动在墨西哥演变成一场全民参与的、有纪念意义的社会活动。这不是一般的自我吹捧、毫无意义的品牌周年庆活动，而是一场全国性的颇具情怀的探险活动，探究对象不是神秘的前哥伦布时期的金字塔，而是当代人的书信与情感。Hotmail 成年礼的大获成功，为微软随后的广告活动奠定了基础。

更神奇的是，辑录这些电子邮件而成的书，一经面世便销售一空。更有成千上万的用户为了参与活动重新激活休眠已久的 Hotmail 账户，进一步说明了本次活动在激发用户忠诚度上的显著效果。如今，Hotmail 依然是墨西哥用户数量最多的邮箱。

临近社交时代，很多商业传奇崭露头角。现在，请你回想一件关于建立关系、培养感情的商界轶事，无论主角是董事会、股票价格、市场份额还是行政津贴。

2011 年初，鲍勃·加菲尔德采访了莫娜·西夫（Mona Seif）这个民主活跃女青年，当采访话题转到 Twitter 上时，鲍勃说，有些人认为 Twitter 不过是一种用 140 字聊生活琐事的工具，但众多社会事件中社交媒体的巨大作用，无疑回了他们一记响亮的耳光，但这个观点并没有得到莫娜的认同。

点“赞”之笔

洛杉矶社会媒体博客撰稿人瑞克·马尔雷迪（Rick Mulready）2014 年撰文预测社交媒体五大趋势：1. 通过短小视频，向可视故事转化；2. 企业将会抓住“拥趸”，“粉丝”经济加强；3. Google + 的规模和重要性将继续增长；4. 社交媒体将更多地关注情境营销；5. 社交媒体付费广告将大行其道。

她说：“我知道的确有些人这么认为，我身边持这种观点的朋友也不在少数。但我觉得社交媒体真正的强大之处在于，它让各式各样的人走进你的生活。通常，我只在 Twitter 上发布一些个人的事情，与工作、感情、家庭、宠物有关的内容。因为 Twitter 把大家连在了一起，所以如果某天你发表一些负面的或者政治性的东西，就会把那些原本不想面对它们的关注者卷进来。”

大多数营销人员和组织都只当社交媒体是一种信息发布渠道，且是效率低下的那种，只适合用来宣传企业产品，鼓吹服务品质，宣扬企业策略。他们只留意到“媒体”两个字，完全忽略了“社交”这个词。企业不可能在连社交媒体是什么都不清楚的情况下，尝到它们的甜头。必须要意识到并且消化理解这一点：**社交媒体不是在传递信息，而是在建立社会关系**。如果你不能跟社会产生关系，就没人在意你说什么，你就永远也不可能发出一条像样的微博。

CAN'T BUY ME LIKE

第3章 怎么让品牌变名牌?

已经找到康庄大道的Journatic报业为什么还是难逃破产的命运？热心为客户排忧解难的汽车经销商，为什么招致同仁鄙视？又是为什么，那些能在国内叱咤风云的企业，国际化道路却总是阻碍重重？

在获取信任的征程中，放下敌对心态，不再划分你我，才是最明智的选择。

我从不轻信他人的断言，而是留意观察他们的行为。

——安·拉德克利夫（英国浪漫主义女作家）

第3章
怎么让品牌变名牌?

2012年夏季Journatic报业的剽窃事件，虽非史上最大丑闻，但警示意义非凡。

Journatic报业以报道本地新闻为主，报纸价格适中，在日渐衰败的纸媒行业中勉强混口饭吃。采写发行地方新闻，虽成本较低，但收益也不高。加上广告营收的下滑，Journatic报业徘徊在破产边缘。幸运的是，Journatic找到了解决方法：外聘产量大的新闻写手，整合加工公共信息为新闻报道。写手们按照报道篇数得到相应报酬，但不管新闻质量。这样，报纸的在线出版网站将吸引大量本地企业投放广告，运作模式特别适和所谓的超级本地报道。过去，报社微薄的薪水和福利很难长期聘请一个专业记者，现在即便是最缺乏经验的记者也能胜任这项工作，只是吸引的读者有限罢了。

Journatic报业就这样运作下去。虽然新闻报道的篇幅短小、内容本土，且与其他报纸非常相似，但成本远低于从前。不久，Journatic的运营模式引起了报业大腕的注意，《休斯敦纪事报》(*Houston Chronicle*)以及《旧金山纪事报》(*San Francisco Chronicle*)都对

Journatic 产生了浓厚的兴趣。当时已摇摇欲坠的媒体巨头，论坛报业集团（Tribune Company，曾为美国第二大报业集团，2008 年 12 月 8 日申请破产保护。——译者注）不仅引进了 Journatic 的经营理念，还收购了该公司。

论坛报业集团资深投资副总裁丹·卡赞（Dan Kazan）说："无论是作为股东还是客户，有机会与 Journatic 合作，我们都深感荣幸。论坛报业集团将继续发扬 Journatic 精神，提升公司提供本地化内容的能力。我们相信其他出版商和广告商都将从中受益。"

丹·卡赞发表这番言论是在 2012 年 4 月，直至 6 月，Journatic 的外包业务都进展顺利。Journatic 将业务外包给菲律宾记者，那里的新闻从业者除了英语写作外，还掌握了良好的新闻报道技巧，为许多美国知名报纸供稿。除了让记者假冒他人发稿外，Journatic 甚至开始剽窃其他报纸的文章。没多久，新闻业开始出现混乱。Journatic 内幕被曝光，"血汗工厂"成了它的代称，读者们震惊了，广告客户被吓跑了。还有个插曲值得关注，2012 年 7 月中旬，正当 Journatic 丑闻爆发之时，其主编迈克·福什（Mike Fourcher）发表博文宣布辞职，并表示："我早说过会出现这种情况。"他告诫他的旧部和读者，从法院收集房地产交易数据，或许可以帮你列一张不动产清单，但想写出真正的新闻报道，只有完全了解读者阅读兴趣的专业记者才能做到。他还写道："传统的做法才能建立起信任关系。"

原来问题的根源在于信任。福什说："Journatic 过分关注压缩成本，而忘记了与读者建立信任关系，就连最基本的内部信任关系都没有形成。"

这位 Journatic 的前主编称："假冒署名事件曝光后，我力劝高层调整经营策略，端正公司使命。公司没有成文的文化价值准则，也没有明确的目标，我鼓励他们朝这方面努力，但他们却不为所动。"

如果福什所言属实，Journatic 的管理者真是糊涂透顶了。到同年 8 月，凡是知道 Journatic 的人都不再信任它了。这原本是一家发现巨大市场潜力并找到通向光明前景道路的公司。它不仅正确理解了市场需求，精准锁定目标客户，还由此找到了合作伙伴。但它犯了三个不可饶恕的错误：

> 首先，它以为可以投机取巧而不被发现。在商业环境相当透明的互联网时代，这简直是痴心妄想。
>
> 其次，它忽视了公众对不同层次企业的需求和期望。
>
> 最为重要的是，它丢掉了新闻报道的本质。

过去，采用这种自以为是的经营方式的企业非常普遍。但现在，这套做法已无法帮助企业实现持续盈利与长久昌盛。如今，推动商业发展的动力已经彻底改变。信任成了一切商业的基础，而营销人员要做的就是精确理解“信任”的含义。

企业先要有“人格”

下面这件让人毕生难忘的经历，足以改变一个人看待世界的方式。故事发生在玛丽安德尔雷酒店的会议室。20 世纪 90 年代的某一天，全球性市场信息公司 J.D. Power 正在此处召开汽车营销会议。会议间歇，10 位与会者围坐在餐桌前享用炉烤鲑鱼。在场的除了本书的作者之一，还有一位是极其富有的汽车经销商。当谈话转到消费者信任上时，那位汽车经销商略显兴奋：“我完全明白你的意思。”接着，他发表了自己的见解：

> 我们希望给光临的客人宾至如归的感觉，希望他们如同置身熟悉的亲友当中。如果我在店里看到一位忧心忡忡，不知所措的女士，我会毫不犹豫地邀请她到我办公室聊聊，聊聊她的近况，聊聊我们共同关心的话题，仅此而已，别无他求。与客户建立起这种基本的信任至关重要。信任一旦形成，我们就俘获他们了！

这番一本正经的言论把在场的另外9个人惊得哑口无言。大家纷纷假装没听到，埋头与盘子里的食物苦战，一时间刀叉与瓷器碰撞的声音不绝于耳。这些目瞪口呆的听众大部分也都来自汽车行业，他们也不知道到底该给这位发言人颁发“业内最愤世嫉俗奖”还是“言谈最肆无忌惮奖”。他们显然与这位如同纸板人像立牌的汽车推销员意见相左，因为在大多数人看来，**作为商业手段的信任，根本不能称之为信任。**

实际上，从某种意义上讲，那个汽车经销商也没有错。只要他别过分到以残破的二手车当新车卖，那些上过当的倒霉蛋就很难发觉自己受哄骗购买的座椅套、涂层材料和补充保险其实没什么用。消费者会继续信任自己的经销商，继续光顾，继续上当受骗。虽然这个发了一笔小财的经销商非常不厚道，但这样做的不止他一人。几个世纪以来，广告和直销技巧通过制造所谓的信任，蒙骗了无数毫无戒心的消费者。模棱两可的谎言、别有用心的误导，这些原本属于街头骗子的伎俩，如今却得到食品、金融、能源、医药、娱乐等行业的青睐。

除了政客的竞选宣传片，最不可信的就是好莱坞电影。这些电影里的植入广告总是夸大其词又无视公众对产品的评价。幸运的是，人们总能轻易识破那些拙劣的演技，所以好莱坞的弄虚作假并未造成多大危害。但广告则因其不光彩的历史，招致无数骂名。2012 年，全球著名市场调研公司 AC 尼尔森公司对 56 个国家 28 000 多人进行了调研。调研结果显示，在过去 3 年里，广告业这个史上最受质疑的行业，在大众心中的地位又降了一级。这种信任度的下降并非毫无依据。

CAN'T BUY ME LIKE

点『赞』之笔

人格化的企业观认为，人各特质，由人组成的企业也就必然具有集体人格特质，因此，企业必然有自己的精神体系来支撑企业的运转。这种精神体系，一方面体现在企业运行机制的人格化，另一方面则是企业家或者高层管理者的精神品质的延伸。

互联网让公众有机会接触到企业和品牌的海量信息，这无疑削弱了广告的力量，因为广告的目的就是塑造品牌形象。AC 尼尔森公司的调查表明，在过去 3 年里，公众对电视广告、杂志广告和报纸广告的平均信任度暴跌至 23%，对口耳相传形成的口碑、网络评论以及其他免费新闻报道的信任度增长至 92%。几乎与此同时，公众开始通过企业的行为、动机、内部运作方式，甚至是企业的定位来判断一家企业，一改过去仅仅依靠产品做出判断的习惯。**也就是说，人们开始像选择朋友一样选择一家值得信任的企业。至此，企业拥有了某些人性特质。**

实际上，赢得消费者信任是对企业的基本要求，能自豪地宣称自己值得信赖的企业才是合格的企业。但“信任”一词远比想象中更具有多面性，意蕴也更加深远、复杂。

企业之所以能建立起最低层次的信任，是公众相信产品和服务能满足自己的需求，即使有时差强人意。全国性的品牌已经基本赢得了这种程度的信任，这是品牌实现全国延伸的隐性基准线，也是尽管公众不再全然相信广告，但是广告依然能起到一定作用的原因。除了提供与品牌有关的信息、塑造品牌、推广品牌之外，广告的存在本身就意味着产品和服务的品质达到了可接受的程度，品牌可靠性和诚信度满足了最低标准。这种程度的信任虽然不容忽视，但很难激起消费者更多的正面情绪。消费者会认为这件产品“应该不至于骗人”，并不能促成有效的成交。

当然，即便最低层次的信任，也比那位汽车经销商以虚情假意换来的信任要强得多。在社交时代，公众已不再盲目自信，认为自己不会受骗，因此建立信任的难度上升到了一个新层次。20 世纪 60 年代，有这么一句广告语：“信任那些穿着印有星星制服的人吧，那是代表德士古公司的星星！”试问，到 2014 年，还有哪家石油公司敢信口开河地在广告里使用“信任”（Trust）这个词？在社交时代，信任意味着双方拥有相同的价值观和利益点，如今消费者的购买行为也都是经过这种深思熟虑后的结果。

一项名为爱德曼信任度调查报告（Edelman Trust Barometer）的纵向调查如实反映了这一新现象。

早在 2006 年，爱德曼国际公关公司（Edelman Public Relation）的一份调查报告称，当消费者被问及对商家形成信任的标准是什么时，他们频繁答道：“当然是品质良好的产品和服务。”

这个答案合情合理，消费者怎么会不看重产品和服务的品质呢？在不考虑企业经营方式的情况下，能提供良好产品和服务的企业，就是让消费者满意的好企业。如果德士古公司出售的汽油价格比街角的美孚加油站便宜，而且他们的工作人员能在很短的时间内帮你换好一个消音器，那么你或许应该信任他们。如果用过美宝莲那些能让睫毛

"更长、更浓密、更卷翘"的睫毛膏之后，睫毛确实变长了，而且"干净浓密不结块"，也没有导致双眼肿痛睁不开，那美宝莲确实值得消费者信赖。如果家禽巨头裴顿农场有限公司（Perdue Farms Inc）出售的鸡肉物美价廉，鸡胸肉确实比别家的色泽更鲜亮，烹煮后也确实美味多汁，消费者就完全可以相信创始人的说法："身强力壮、意志坚定的人才能养出肉质鲜美的好鸡。"

至少在几年之前，企业想赢得消费者信任，只需要提供与广告宣传相符的产品和服务即可。

网络透明，企业置身于众目睽睽之下

如今，从事家畜饲养行业，就有义务向公众展示饲养环境，最好每只上市的家禽都附有医疗记录；如果销售睫毛膏，那么最好不要用可爱的小兔子做实验；同样的，即便通用电气公司捐赠了很多台 CT 扫描仪来挽救南非孩子的生命，但仍然需要解释清楚过去 30 年里往哈德逊河排放 130 万磅多氯联苯（一种致癌物质）的事实；即便耐克提倡真善美、支持戏剧与艺术、张扬个性和自我实现的品牌形象吸引了全球数百万"粉丝"，但其在 20 世纪 90 年代与东亚的血汗工厂合作过的经历，依然引发了消费者的质疑和怨恨。

公众往往对企业不当行为反应激烈。为了消除公众的疑虑，美国马里兰州的一家比萨店甚至主动在菜单上说明店内烤箱使用的是无烟煤。如果连一家比萨店都如此在意消费者的激烈反应，极端保守派脱口秀主持人拉什·林堡（Rush Limbaugh）的赞助商们的做法就不难理解了。

2012 年 3 月，乔治敦大学法律系学生桑德拉·弗鲁克在一次内务委员会的听证会上发言，支持奥巴马政府要求一些宗教机构将避孕服务纳入为员工提供的医疗保险项目中。得知此消息的林堡在节目上嘲笑弗鲁克是“荡妇”、“妓女”，此举引起了轩然大波，随后公众开始抵制林堡的广告赞助商，Scars、JCPcnnev、Netflix、AOL 等数十家广告商弃林堡而去。

过去遇到这类事情的时候，当事人只需要静静等待“暴风雨”平息，接着播放几条令人信服的广告就能掩盖之前的丑闻。而且，在信息匮乏的过去，个人面对大型机构时难免无助，因此公众抗议的声音很快就会淹没。“你无法与政府对抗”的观点贯穿了整个 20 世纪，但现如今已经很少有人这样说了。互联网的出现让消费者只需敲几下键盘就能获取大量与企业相关的信息。拥有了这样的能力后，现代消费者开始注意到过去忽略的问题，开始关注各个企业，评价它们的言行。而且，消费者还可以借助网上各种数据、文件、消息来支持的观点，让它更具说服力。换句话说，几乎世界各国的各家企业都处于公众的监督之下。

如果试图在雷区遍布的美国瞒天过海，那我只能说你是痴心妄想。连美国国务院都拿维基解密（WikiLeaks，是一家通过协助知情人让组织、企业、政府在阳光下运作的、无国界、非盈利的互联网媒体。——译者注）没办法。公众的高度关注加上他们可自由访问数据的权限，让世界各国政府以及财富 1 000 强的企业都置身于透明玻璃房中。

一个名为 GoodGuide 的组织就属于用技术提升商业透明度的典范。该组织由加州大学伯克利分校教授达塔·奥洛克(Data O'Rourke)倡导成立，组织中有一批化学家、毒理学家、营养学家、社会学家和生命周期分析专家，评估指定消费品对人类健康、周围环境以及社会的影响。迄今为止，这个项目按照 1 分到 10 分的标准，对 175 000

种玩具、食品和包装商品进行过评估。消费者可以在 GoodGuide.com 搜索产品或使用移动终端扫描产品条码，进而获得 GoodGuide 对产品的评价。在这个网站上，诚实茶（Honest Tea，美国一家瓶装茶饮料公司。——译者注）的得分是 8.6，百事可乐的得分是 4.9。

CAN'T BUY ME LIKE

点赞之笔

透明化既可以是主动的，也可以是被动的。主动的透明化需要公司积极保持透明的姿态，并用透明化来实现自己的商业目标，这要求企业在主动正式向外公布公司信息的同时，将透明化融合入企业日常管理中。而被动的透明化仅仅是公司迫于利益相关者和媒体的压力而不得不进行的应对手段，对企业健康发展极为不利。

随着时代的更迭，2010 年的爱德曼信任度调查报告显示，产品和服务质量对信任度的影响力已降至第 3 位。位居信任度影响力榜首的是“坦率真诚的企业形象”，83% 的消费者支持这一观点。其他影响要素还包括：行为端正、品德高尚、拥有合理的核心价值观和自我认知、支持“占领华尔街”。高盛银行就在这一点上栽了跟头，而尽管谷歌的管理层备受公众鄙视，但品牌形象依然深得人心。

当然，人们在调查中表达的观点并不能如实反映他们的实际行为。没有人会承认自己是种族主义者，就像没有人会承认自己访问过色情网站。这种现象被社会科学家称为“态度—行为差异”。那么，如何证明被公众认可的“诚实”和“透明”等特性，能影响他们在超市的实际选择呢？答案依然是品牌可持续性地图（如图 3.1）。

位于图中右上角象限内的企业，广告和促销费用更少，但顾客忠诚度比右下象限内的企业更高，收获的客户终身价值（CLV，每个购买者在未来可能为企业带来的收益总和。——译者注）也最高。位于左下象限的企业，客户信任度缺失，因而必须用大量的广告和促销费用来弥补。

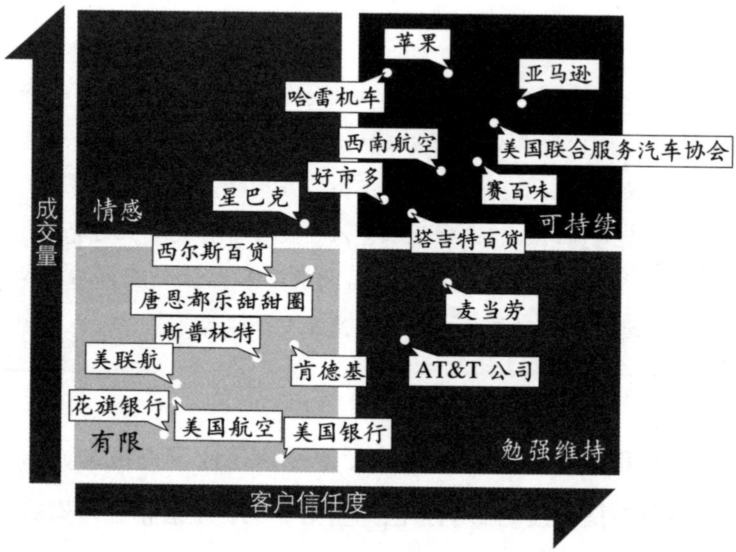

图 3.1　品牌可持续性地图

恭喜好市多，它赢得了消费者信任！但是，赢得消费者信任之后，除了能沐浴在众人赞许的目光下，还有什么用？答案是：赢得更多消费者更多的信任，更多的追捧。赢得消费者信任不仅能提高客户的终身价值，还能实现二次传播，消费者会自觉推广品牌，带来惊人的宣传效果。

人们的口耳相传，能让值得尊敬、踏实可靠老乌龟变成急如旋风的野兔。在社交时代，乌龟变野兔的魔术，需要的仅仅是消费者自愿在 Facebook、Twitter 和 Yelp 上发布的正面的企业信息。数字化革命在摧毁大众营销的同时，也给人类的天性带来难以承载的负荷。正如哥伦比亚大学商学院全球品牌中心执行董事大卫·罗杰斯所言："营销人员正面临着新的挑战，即培养忠诚客户，引导他们反复消费，同时赢得他们的褒奖，让他们自愿在网上宣传产品和服务。他们自愿帮助企业宣传品牌，把企业链接分享到 Twitter 上，把与产品的合照发布到 Facebook 上，为企业的 Facebook 主页点赞，积极参与企业互动。"长此以往，消费者将改变传统的消费方式和特性，企业最好的回报将是消费者的忠诚度与自主宣传，而不再是浅显的品牌认知和偶然的单次购买。

品牌进阶课：获取信任的 3C 法则

世界上并不存在永动机，但存在类似永动机的事物。初次试用、试用满意、自主宣传三个环节形成的口碑效应，就是一个类似永动机的良性循环。绝大多数名牌企业都已形成这样的良性循环，或者说，正是这套循环系统让它们得到广泛的市场认可。这套系统帮助企业降低广告和促销成本，推动利润节节攀升，是维持品牌经久不衰的动力。上文那位汽车经销商已经让我们明白，世界上存在两种不同性质的信任。在品牌可持续性发展的因素调查中，MEplusYOU 将信任的含义分解为 3 个层次，分别是商誉、关心和一致性（如图 3.2）。

商誉之说由来已久，并非社交时代的特有产物，只是过去所说的商誉大多指兑现承诺。全国知名的品牌一般拥有不错的商誉，消费者倾向于认为它可以兑现承诺。品牌能够在全国形成影响力，本身就代表了企业拥有一定的商誉。因此，即便你刚走进赫兹 1 号俱乐部（Hertz Number 1 Club，美国一家会员制租车服务的公司。——译者注）就被工作人员请出去了，你也不能说他们欺人太甚，他们不过是在维护自己的商誉。但如果你还没来得及把 M&M 扔进嘴里，它就在你手心里融化了，那么估计玛氏公司（Mars，全球巧克力、糖果、宠物护理等行业的领导者，拥有众多世界知名的品牌。其中价值超过 10 亿美元的品牌就包括德芙、玛氏、M&M'S、士力架、益达等。——译者注）就要遇到麻烦了。

图 3.2　信任的 3 个层次

所有企业都明白商誉的重要性。它们清楚自己必须为消费者提供优质产品和服务。但如果企业认为只要有商誉，就能在消费者心中建立起信任，那就太异想天开了。即便每次都准时送达的外卖美味又方便，你也不可能与外卖小哥关系更进一步。即便一起午餐的保险经纪人从来不迟到，这个优点也不足以令你们成为朋友。

在整个产品时代和消费者时代，营销人员都不用关心消费者。因为在这两个时代，营销的本质是发现目标受众的需求和欲望，然后满足它们。所谓“目标受众”,即是“目标”与“受众”两个概念的组合。这里，“目标”是标靶，“受众”则是被动接受信息的人。但“目标”和“受众”这两个概念在社交时代没有用武之地。社交时代思维模式的标志性特点之一就是，在思想上消除与消费者、供应商或其他利益相关者的敌对心态，不再划分“我们”与“他们”的界限。**关心消费**

者是指，真正关心公众的生活，并尽量以对他们更有好处的方式开展业务。这意味着，营销人员不再是交易中唯一的获利者，买家也不是。

CAN'T BUY ME LIKE

点「赞」之笔

社交时代思维模式的标志性特点之一就是，在思想上消除与消费者、供应商或其他利益相关者的敌对心态，不划分“我们”与“他们”的界限。

2011 年，《纽约时报》（*New York Times*）市场部针对报纸内容共享问题展开过一项研究，研究结果再次说明，企业应该把赢得客户信任作为首要任务。在以口耳相传为基础的营销生态环境中，信任的地位举足轻重。关于企业赢得信任的方法，他们得出了两个重要结论：

- 鼓励消费者之间建立联系，而不仅仅是加强他们与企业的互动；
- 信任与共享同在。

低碳环保、动物维权、维基解密、有机食品以及“占领华尔街”等一系列事件都在说明一个事实：公众比以往任何时候掌握的企业信息都要丰富，大企业的行为更是受到前所未有的关注。而且这一切都是公众的自发行为。公众通过跟踪企业的行为，来了解、确认企业的目的、信仰、价值观，进而选择信任或舍弃，这就要求企业与消费者的价值观保持一致。虽然很难实现，但它确实是衡量社交时代最重要的标准之一，也正是它让爱德曼信任度调查结果在短短 4 年发生巨大改变。这也是消费者购买产品之余，愿意为之宣传、叫好的原因，以及会员制风行世界的原因。正如下文所示，在社交时代获得成功的关键在于企业激发消费者共鸣的能力。

雷区预警：企业绝对不要做的 4 件事

信任关系除了能为企业带来良性循环，让品牌家喻户晓之外，还有更重大的作用。为了说明品牌声誉与资产价值之间的关系，品牌与市场调查公司 CoreBrand 追踪研究了一千多家企业在过去二十多年里的数据，最终拟定了一份“品牌影响力”排行榜。

每年，CoreBrand 都会对一万多名财富 1 000 强企业副总裁级别以上的高管进行电话采访，最终确定各企业“熟悉度”与“支持率”的数值，再依据这个数值进行排名。受访者会根据投资潜力、管理理念以及商誉 3 个评分标准评价其他上市公司。最低为 0 分，最高为 100 分。2011 年，接受评估企业的平均分为 24 分。苹果公司获得了 74 分；葛兰素史克公司（GlaxoSmithKline，全球第三大制药、生物、及卫生保健公司药剂集团。——译者注）因经营失误，丑闻缠身，而且属于广大消费者缺乏好感的医药行业，只得了 17 分；强生公司在经历一系列丑闻之后，获得 75 分的高分，但相比 2008 年的 84 分，强生公司的商誉资本显然也受到了重大影响。

如果以金钱来衡量，品牌影响力意味着什么？根据财务绩效指标和品牌传播费用，可以计算出品牌的价值。对公司股价进行分解就会发现，构成股票价值的基本要素主要有资金流、库存现金、市场份额、利润、股息、厂房以及设备等，但其中并未提及的无形资产对股价的贡献也不容忽视。

应用回归分析法（在掌握大量观察数据的基础上，利用数理统计方法建立因变量与自变量之间的回归关系函数表达式。——译者注）的计算结果显示，CoreBrand 的品牌影响力排行榜与品牌价值呈正相关，而品牌价值则与企业总资产关系密切。

CAN'T BUY ME LIKE

点「赞」之笔

衡量品牌影响力最核心的指标是品牌忠诚度，因为品牌忠诚度决定着消费者对品牌的选择偏好和关注程度。消费者主动关注，是因为企业满足了消费者资讯或者服务获取的需求，在满足需求的过程中，企业实际上会对消费者产生微妙的影响，企业的精神、品质、价值观都在无形中左右着消费者的决定。

无论哪一年，被列为研究对象的企业其品牌价值的均值都占股权价值的 5% ~ 7%，最知名的企业品牌价值甚至可达股权价值的 21%。2011 年第 4 季度，苹果公司的品牌价值为股权价值的 16%；制作集束炸弹（把许多小型炸弹装在一起齐投或连续投掷的炸弹，又称子母炸弹。——译者注）而臭名昭著的国防承包商德事隆（Textron），其品牌价值为股权价值的 3%。

公司陷入危机之时，商誉对品牌的影响力往往最大。当德士古公司内部的种族歧视情况被曝光时，令其泥潭深陷的不是 1.76 亿美元的高额诉讼费，而是由负面消息带来的客户好感度下滑，流失的客户好感让公司股价大跌。CoreBrand 开始对品牌影响力评级的 5 年前，也就是华尔街刚刚恢复活力的那一年，福特 SUV 汽车使用的费尔斯通轮胎被指容易引发交通事故，费尔斯通轮胎的母公司普利司通的声誉受损，其负面影响持续了 10 年。

CoreBrand 一直建议客户通过提升品牌内涵和广告预算来增强品

牌影响力。其创始人吉姆·格雷戈里（Jim Gregory）说："商誉通常由企业行为决定，也就是说企业行为影响公司股价。"这点同样说明开明的、有远见的、以企业核心目标为导向的企业，更有机会在华尔街得到高额回报。同时还表明，宝洁这类将企业品牌置于产品品牌之下的企业，正冒着损失部分股票价值的风险。

品牌影响力排行榜、爱德曼信任度调查报告、《纽约时报》的调查以及品牌可持续性地图共同证实了一点，在社交时代，信任是一种不可或缺的资产。本书接下来的章节将着重阐述如何获得信任。在此之前，我们先说说哪些行为无法获得信任。

首先，不要过分粉饰自己。很多品牌急于从消费者手里购买尊重，例如投身公益事业，将救治病童作为塑造形象的方式之一，或"公益营销"长期战略的一部分。利用他人的不幸购买他人关注的做法，既拙劣又卑鄙。与7-11连锁店里"购买一瓶思乐冰（Slurpee，一款由7-11便利商店研制的碎冰饮品，在1967年首次推出。——译者注）就能获赠一套钢铁侠模型"的广告如出一辙。Purpose公司的CEO杰里米·海曼斯（Jeremy Heimans）说："公益营销对核心业务的影响很小，而且内容空洞无力。'每次购买行为中都有一美元会被用于拯救热带雨林'这句话不过比'我们捐钱发展歌剧'稍显婉转罢了。"

第二，危机公关中不要开空头支票。面对受贿、破坏环境、压迫工人等负面指控时，当外界提出企业应该承担社会责任时，不要仅仅为了公关而胡乱承诺，不要发布一些无法兑现、企图在将来抹除的"政策"，它们并不能让年度财报上的数字更好看。信任不是商品，而是资产。它无法购买，只有努力才能赢得。

第三，赢得消费者的信任之后，不要滥用它。有不少营销人员，虽然一只脚已经跨过了21世纪的门槛，却将全身的重量都压在门槛之外的后脚上。他们以为在社交媒体上投入大量时间、金钱、人力、物力就是进入了社交时代，他们迫不及待地在新社交媒体上施展付费媒体上的那一套。下面是肯德基营销人员发布的一条微博：

> 无论什么食物，配上培根更美味！欢迎品尝 KFC 芝士培根汤，每碗只需 3.99 美元！

肯德基似乎是想说：“你是我们的“粉丝”，即为 KFC 俱乐部的一员，是我们的朋友。因此，朋友，我们发一条推销广告骚扰你一下吧！”这有点像应邀到别人家吃饭，用过甜点之后才发现他们原来是想给你推销安利产品。

最后，千万别做坏事。不要将有毒的废弃物排入哈德逊河，不要将有毒资产转移到境外子公司，不要雇佣童工，不要贿赂任何政府官员，不要在合同上耍花招，不要不顾员工死活，不要生产致癌食物，不要侵犯他人的专利，不要压榨零售商，不要恐吓对手，不要采用强制定价手段，不要隐瞒你的财务状，不要偷税漏税，不要诓骗他人财产，不要打消费者养老金的主意，不要强迫承包商和供应商做任何你不愿意做的事，不要在产品特性上撒谎，永远不要撒谎。

如果能不触这 4 个雷区，企业就拥有了一个很好的开始。没有做过任何违法的事情，从没有过不道德的行为，甚至对孤弱贫病者表现怜悯与同情，那就是一家基本没有反社会倾向的企业。在这个越来越注重价值观和责任感的社会，这是一件大好事。

然而，仅仅“不反社会”并不能收获公众更多的好感。绝对不会有人说：“实话跟你说吧，我很喜汤姆，因为他似乎不是重罪犯。”但这种情况肯定发生过：“我真的很喜欢汤姆。他坦率正直、表里如一，总是勇气十足地坚持自己的信念。他总是相当自信，知道哪些是真正重要的东西，他也真的很在乎它们。汤姆真是个相当不错的家伙。”

那么我们的目标，就是成为下一个“汤姆”。简单明了地表达观点，时刻表现出自信而非傲慢，言行谨慎有分寸，对自己的行为负责，用心关怀那些可能受自己言行影响的人们。

具体而言，我们需要制订一套基本原则，建立明确的企业核心目标，而不是一味将股东利益最大化。但不必着急，正如我们前面所说，从长远来看，接纳社交时代有利于实现股东利益最大化。

企业股价的高低，并不是消费者购买其产品和服务的原因，也不是生产线工人、销售人员或普通职员选择就职的原因。更不是他人穿上印着企业 LOGO 的 T 恤，在企业 Facebook 主页上点赞或发表博文表现对企业忠贞不渝的原因。这些行为完全出于消费者对企业的喜爱和信任，与企业的资产负债表或季度财报没有丝毫关系。是企业由内而外展现的魅力引发公众的自主宣传。

公众关心的不是企业说了什么，而是企业做了什么，或者在关键时刻坚守了什么。最重要是的，企业这么做的深层原因是什么。

第4章

无预谋，不营销

因使用环保材料而提高售价的户外奢侈品牌巴塔哥尼，不仅产品销量没有遇冷，甚至备受赞扬。然而，当百事可乐赞助人们实现有价值的社会项目时，却被指责在“洗脱罪名”、转嫁责任。

同样是投身公益事业，为什么百事可乐经历了与巴塔哥尼亚完全不同的遭遇？

许多人钓了一辈子的鱼，却不知道他们钓鱼的目的并不是为了鱼。

——亨利·戴维·梭罗（美国作家、哲学家）

25 年来，美国联合航空公司（United Airlines，简称美联航）的广告配乐一直是《蓝色狂想曲》（*Rhapsody in Blue*），从未更换。当年乔治·格什温创作出这首爵士名曲时，并未引起巨大轰动，之后被改编为钢琴交响曲，成为经典，名留美国音乐史。《蓝色狂想曲》音韵跌宕，朗朗上口，而且以蓝天为主题，更难得的是节奏轻快飞扬。

在应用《蓝色狂想曲》作为广告曲之前，由于资金链紧张、燃料成本昂贵、劳务纠纷频出以及管理方式僵化，美联航在消费者心目中变得越来越“不友好”，与当时的广告曲《飞向友好的天空》（*The Friendly Skies*）形成极大反差，因而广受诟病。

此时，想通过更换一个更好的音乐主题来重塑美联航的形象，其难度堪比登天。但其广告代理商李奥贝纳广告公司（Leo Burnett）还是发现了格什温的这首歌，希望通过它和全新的品牌包装，令乘客忘记美联航糟糕的服务。他们甚至希望这次广告活动，能激励员工重新为乘客提供舒适且人性化的服务。

期间，美联航的历任广告代理李奥贝纳、弗伦以及麦利博文都绞尽脑汁，竭力用莫须有的特质美化美联航。结果是广告越来越精彩，服务越来越糟糕。对外，美联航机票昂贵、额外收费项繁多、航班越来越少；对内，员工待遇降低。随之而来的当然是服务品质进一步下降。不提供靠枕、餐费另付、退改签要收费、行李托运要收费、帮乘客照看小孩要收费。乘客丢失行李、长时间等待成了家常便饭。另外，工作人员态度恶劣、傲慢无礼。以上种种，由2009年发生的戏剧性事件放大,进入了公众的视野。加拿大歌手戴夫·卡罗尔(Dave Carroll）亲历了美联航噩梦般的服务后，创作了一首《美联航弄坏吉他》（*United Breaks Guitar*）并将其上传至视频网站。歌词完整地描述了事件经过：

> 我乘坐美联航的飞机前往内布拉斯加州
> 从哈利法克起飞，在芝加哥“奥尔良”中转
> 转机时，我身后的一名乘客突然说
> “天呐，他们在扔吉他”
> 我和乐队其他成员面面相觑，一个个吓得脸色发青
> 他们搬运行李的动作，就像发炮弹一样
> 飞离芝加哥之前，我向三位空乘投诉
> 她们完全一副事不关己的模样儿
> 美联航啊……美联航
> 你们弄坏了我的泰勒吉他
> 美联航啊……美联航
> 可知你们帮了多大的倒忙
> 你们把它弄坏了，就应该修好它
> 是你们的责任，就该承认

早知道我就坐别家的飞机或者开车去

美联航竟然摔坏了我的吉他

简短几句歌词不仅概括了整个事件，也精确说明了美联航服务质量多么糟糕。二十几年来，数十亿美元的广告投入都没能改变乘客对美联航的态度，卡罗尔免费的抗议歌却吸引了众人的眼球。原因何在？因为它一语道破众人心声。《美联航弄坏吉他》的首日浏览量突破 15 万次，最终创下 1 000 万的点击量。受此事件影响，美联航的市值缩水 10%。该事件应验了英国作家 D. H. 劳伦斯的名言：真相击败特性。

此次美联航事件中，求真务实的人性将数十亿美元打造的广告形象彻底击碎。不重视客户关系的美联航面对来势汹汹的社交时代，只能坐以待毙。抛开事件的特殊性，美联航到底错在哪里？他们的问题难道仅仅在于不关心客户？

企业目标越明确，公众越钟爱

表面上看，美联航的问题完全出在客户服务上，但其实是因为美联航遗忘了自身的核心目标。美联航曾承诺“为乘客提供舒适的航空旅行”，或许他们只是喊喊口号而已。但如果美联航的竞争优势在于客户服务，那它就不该只是一句空洞的口号。

在社交时代，品牌是一切营销策略的基础。在品牌推广前，企业必须清楚认识品牌，理解品牌，进而设想出与企业实际情况契合的形象，这样后期的品牌塑造才能顺利。在社交时代，优秀的营销人员都有明确目的。明确的企业目标，名副其实的品牌形象，不仅能创造更高效益，吸引更多忠实客户，还能引导客户参与品牌建设。这样的品牌，其与生俱来的活力与真诚，让企业保持了本真，而不需要假装自己具有广告中的虚假特质。倾国倾城无需浓妆艳抹，温柔似水不必费尽心机。在《受钟爱的企业》一书中，作者拉金德拉·西索迪亚、大卫·沃尔夫以及杰格迪什·谢斯提出："消费者知道自己是谁，也清楚企业的底细。他们不再只注重产品质量，还会关注企业的真实表现。他们的评价结果反映在企业财务报表里。"他们进行了一项名为"利益相关者关系管理"（Stakeholder Relationship Management，简称SRM）的研究，三位作者选取了30家"企业核心目的明确"而非利益为先的企业，剖析它们发挥股东价值而非为股东创造价值的方式。其中包括，本田、宝马、美国西南航空公司、韦格曼斯食品超市、美国康美银行、eBay、百思买集团等公司。

CAN'T BUY ME LIKE

点『赞』之笔

一家企业，一个品牌，最难改变且最宝贵的存在理由，决定着它的决策方式、经营方式、行业地位、与利益相关者的互动方式以及客服人员和装货工人的工作方式。这样坚定不移的存在理由，让企业得以在变幻的市场中屹立不倒，进而对消费者的影响更加根深蒂固，消费者的忠诚度也就越高。

过去10年里，这些受消费者钟爱的公司业绩远远优于其他公司，未来10年这种优势还将持续。通过整理高效能材料制造商Ferro公司1996～2011年的股票数据他们发现，在这15年间标准普尔指数平均上涨了157%，股票价格指数增长了1 646%。在经济状况最差的最近的三年里，标准普尔指数每年上涨3.3%，股票价格指数则每年上涨21.06%。据此，三位作者得出结论：**公众的好感价值连城。**

那么，在这个纷繁复杂的商海，企业怎么做才能获得公众好感呢？当然不能像美联航一样摔乘客的吉他。若要正面回答，我们也只能说："像做人一样多自我反省。"作为个人，我们都有自己的人生目标，这是我们每天早上挣扎着起床的原因。我们都希望自己是一个对社会有贡献的人。那么我们为什么要降低对自身企业的期望？我们为什么从商？为什么销售这种产品？为什么每天早出晚归？估计没有哪个早起离家的丈夫会对妻子说："亲爱的，我得起床为股东们卖命去了。"

旨在拉升股价的短视想法，容易导致领导层决策错误。错误的决策又给 CEO 带来大麻烦，进而导致他们早早卸任。真正有利于投资者的是能实现持续盈利、提高股东回报率的战略。快速扩张、盲目收购、过度削减成本、以打折促销提高市场份额、过高的负债比，都可能是揠苗助长。一个品牌，最难改变且最宝贵的存在理由，决定着它的决策方式、经营方式、行业地位、与利益相关者的互动方式，以及客服人员和装货工人的工作方式。有关消费者时代和社交时代企业行为的差异见表 4.1。

表 4.1 消费者时代和社交时代企业行为的差异

	消费者时代	社交时代
目标	让消费者相信品牌拥有引人的特性	吸引消费者关注企业核心目标
战略	攻占消费者心智空白	清楚描绘品牌宗旨和愿景
起点	锁定消费者	寻找企业核心目标
方法	企业运用市场定位法则	鼓励公众参与品牌建设
结果	创造品牌定位，但不具备永久性	挖掘出稳定的品牌立足点
成功的衡量标准	品牌定位与市场需求关系密切	品牌因忠诚践行其使命而闻名

真诚，企业前进的加速器

为了探寻品牌存在目的，企业管理者必须了解企业发展的驱动力，并确认自身以及产品角色。

美国家用清洁品牌第7代公司的CEO约翰·里普洛格尔（John Replogle）曾说过，我们要对子孙后代负责。“第7代公司践行着印第安人的伟大法则。这条法则要求我们做任何决策之前，都必须谨慎考虑此行为对未来7代人的影响。我们与所有消费者的关系都建立在几条核心原则上，这些原则强调人类健康、环境安全、坦率诚恳。”不仅企业处于良知提出这样的自身要求，越来越多的公众也开始这样要求企业。

“如今，越来越多的消费者购物时不再仅仅查看标签正面的价格。”里普洛格尔说，“他们通常还会把标签翻过来，查看标签背面的内容。他们还会调查品牌背后的企业，甚至了解这家企业的行为是否与品牌的宗旨和价值观相符。这对第7代公司这样的企业来说是个好消息。”而太纯洁美好的宗旨，有时会曲高和寡。所以，企业核心目标并非必须上升到精神层面，甚至不需要太深刻。

以宜家家居为例，早在宜家广为人知之前，就已经形成了明确的企业宗旨。英格瓦尔·卡姆普拉德在创立宜家之初就已经制订了一套完整的价值体系：诚信经营，设计富有灵感简单大方、价格合理大众可负担，并做出承诺，“为大众创造更美好的日常家居生活”。在随后的几十年里，宜家始终坚守这套原则。每一个2.99美元的餐具垫、每一盏19.99美元的台灯以及每一张399美元的沙发，都在兑现宜家的核心承诺。

奉行崇高的宗旨固然很好，但是条条大路通罗马。无论企业宗旨务实、可操作，还是以市场为导向、富于进取，抑或完全出自偶然，都不必介怀。所有正当健康的企业核心目标都会被公众认可。关于这一点，你可以听听全球最大鞋类在线零售商美捷步 CEO 谢家华的意见。

谢家华创办美捷步时意识到，销售过程如果绕开中间商，就可降低商品价格，这样销售量就能翻倍。而且操作简单、免费退货的原则能吸引习惯到实体店买鞋子的消费者。但他没料到的是，接二连三的危机将榨干整个资本市场。尽管美捷步创办的前两年内业绩惊人，但在经济危机中，美捷步的资金链条全部由谢家华私人支撑。

“‘9·11’事件、伊拉克战争、经济衰退、互联网泡沫破灭接踵而至。”谢家华说：“迫于无奈，我们只好削减营销预算，着力吸引回头客，利用口耳相传的方式带动销量。这本是我们无路可走时的下下策，没想到效果奇佳。最终，这种营销方式上升为我们的经营策略。

“我们用花在广告制作和营销渠道上的资金来改善客户服务，提高客户体验。例如将不定期派送升级为隔日送达，客户中心和仓库运作都实行全天候服务。这些服务的人工费用都相当昂贵，但我们觉得这样做更值得，是更有意义的营销，尽管这些服务并不属于传统营销的范畴。”

由偶然的经营对策升华成经营理念，美捷步形成了“传递快乐”的企业宗旨。如今，这项宗旨指引着美捷步继续前行。美捷步的工作人员彬彬有礼，诚恳而亲切，让顾客消费时愉快舒适。这与消费者预想的冷冰冰的终端机、复杂死板的办事流程大相径庭。美捷步因此获得如潮好评。虽然顾客从美捷步买走的是鞋子而不是“快乐”，但美捷步的确给人带去了快乐。例如免费的隔日送达服务，以及为客户提供前所未有的选择权，在获得客户好感度上创造了一个神话。

曾有一名美捷步的员工打了一通长达5小时电话，只为解决客户的疑问。谢家华还讲过一个自己与斯凯奇鞋（Skechers）营销人员打赌的故事。有一天，那位营销人员想在非用餐时间吃饭，但是找不到仍旧营业的餐厅。于是谢家华跟他打赌，说拨通美捷步的800热线，难题即可解决。果不其然，不到5分钟，美捷步的客服给他回了电话，为他提供了附近所有仍在营业的比萨店名单。

尽管美捷步的广告费用基本为零，但互联网上人人都知道美捷步提供完美的客户体验。美捷步的销售额因此从2000年的160万美元增长至2004年的1.84亿美元。此时，美国创投巨擘红杉资本（Sequoia Capital）一次性认购了美捷步3 500万的股份，但美捷步始终坚持自己的经营方针。创造活泼的工作氛围、制订宽松的办公制度、宽容对待性格各异的员工，这些原则都被纳入美捷步的经营方针中，并受到董事会的推崇。

美捷步鼓励管理层在工作时间带下属外出放松。办公室里的隔断被视为私人空间，由员工自行装点。美捷步还有独特的考验员工的方法。通常，新员工入职培训之后，美捷步有个检验新员工企业奉献度的试探：公司会拿出2 000美元的奖金，暗示他们放弃这份工作即可得到这笔钱，由此可见美捷步非常看重员工的性格以及奉献精神。

"美捷步的企业文化包含10条核心价值。"谢家华说，"我认为招聘员工时应着重考察对方的价值观，进而根据其价值观确定合适的绩效考核方式，唯有这样才算抓住了招聘的本质。要知道我们真正需要的是个人价值观与企业价值观相吻合的员工，而做到这一点的前提是企业首先明确自己的价值观，知道自己是谁。"

最终，为美捷步奉献的员工得到了更丰厚的回报。2009年，亚马逊公司以12亿美元的价格收购了美捷步。

关注老客户，提升净推荐值

谢家华摸索出美捷步核心宗旨的时候，另一家同样遭遇“9·11”事件和互联网泡沫影响的知名企业也找到了自己核心目标。它就是开创低价服务先河的折扣经纪商嘉信理财集团（Charles Schwab Corporation）。

嘉信理财集团成立于 1971 年，为践行创始人为客户提供方便的初衷，嘉信理财支持客户通过电话进行交易。1975 年，美国证监会（SEC）开始在证券交易中实行以议价佣金制取代定价佣金制，顶级经纪公司纷纷提高佣金，但初出茅庐的嘉信理财反其道而行之，选择了降低服务价格。这一举动催生了折扣经纪商，它们以“低价提供便捷”的宗旨维护着客户的最根本利益。

不出所料，嘉信理财实现了快速成长，创造了惊人的利润。整个 20 世纪 90 年代，嘉信理财的股价甚至优于微软公司和英特尔公司。1999 年，其市值一度超过美林证券。2000 年，嘉信理财被《福布斯》杂志（*Forbes*）评选为年度企业。

点赞之笔

净推荐值首先是作为一个客户满意度衡量指标存在，直接反应了客户对公司的忠诚度。由于净推荐值与现有客户数量以及现有客户扩散的准客户的数量相关，所以净推荐值也在一定程度上反映了企业未来一段时期之内的发展趋势和盈利能力。

与众多成长型企业一样，嘉信理财随后扩大了经营范围，扩充了业务品类。在 2000 年，它花费近 30 亿美元收购了美国信托（U.S.Trust）

控股的银行，推行全球扩张，建立子公司，设立股票研究机构，大力提高经纪能力。然而，“9·11”事件与经济危机紧随其后，又适逢嘉信理财总裁交接，创始人查尔斯·施瓦布（Charles Schwab）卸任。

18 个月后，嘉信理财的经纪业务收入下降 26%，公司股价从历史最高的 50 美元跌至 9 美元，董事会不得不邀请施瓦布回归。回归后的施瓦布接手的是一家结构臃肿、停滞不前、扩张过度，完全遗忘了创立初衷的公司。嘉信理财的净推荐值长期停滞在 34 分。施瓦布总结道：“我们必须修复客户关系。”

于是，施瓦布开始根据现实情况调整公司策略。他裁掉不少高层管理者和普通职员，砍掉数个非主营业务，调低前任总裁设定的佣金比例，改善客户服务。

此后不久，嘉信理财发布了一套客户关系维护原则，包含 12 个要点。其中有几条很值得注意：

- 与客户的每一次互动都影响着企业未来，或积极，或消极；
- 企业大部分收入来自现有客户，是他们带来了更多业务和更多新客户；
- 客户重视关系。对于他们信任的人，客户愿意相信对方会以最符合自身利益的方式行事，并帮助自己实现财务目标；
- 倾听客户需求，按需办事，才能完善客户体验；
- 熟知客户所有业务需求，实现嘉信理财所有业务无缝衔接；
- 客户是嘉信成功的核心力量。

从严格意义上讲，这 12 个要点并不能构成十分明确的核心目标。但要知道，施瓦布回归嘉信时，公司的客户资产已降至 9 420 亿美元。

但是到 2013 年，其客户资产已实现翻倍，达到 18 000 亿美元。经纪账户从 700 万个增加到 870 万个。净推荐值上升了 75%，升至 41 分。正如嘉信理财的广告所言："遇到问题了就找查克（Chuck，嘉信理财广告里塑造的虚拟经纪人。——译者注）聊一聊吧，他总愿意倾听。"

高管是改革成败的关键

寻找企业核心目标的过程并非总是这么戏剧化，找寻到的结果也不一定是"传递快乐"这么崇高。企业核心目标的发现过程和方法并不重要，关键是企业要了解自己的真实想法。只要能如实反映企业存在目的,即使不那么野心勃勃的企业宗旨同样可取。例如,"我们要生产出所有人都买得起的产品，并由此产生巨大影响"。这样一条企业宗旨既不感人，又提到要征服消费者，创造巨额利润，但它同时彰显了一种使命感，因而是很合适的。

据说那些将崇高的以人类发展事业作为企业核心目标的企业，往往不太坚守营销 4P 原则。这也解释了为什么户外运动品牌巴塔哥尼亚会有这样的企业宗旨：在不破坏环境的前提下，生产出最棒的产品，以企业经营之道应对环境危机。

40 年前，伊冯·乔伊纳德（Yvon Chouinard）创立了为户外运动爱好者服务的巴塔哥尼亚公司，并定下保护自然环境的企业原则。时至今日，巴塔哥尼亚仍在贯彻这一原则。每年，巴塔哥尼亚将总销售额的 1% 投入环保事业，并倡导其他企业加入保护环境的行列。在经营过程中，巴塔哥尼亚也努力减少资源浪费。公司还实行人性化的管理方法，包括创办托儿所、男员工可申请陪产假、从事环境志愿工作可带薪休假，建立统一的工厂环境等。

预计到 2015 年，巴塔哥尼亚将实现供应链有毒物零排放的目标，远远早于政府监管机构的要求。早在 1996 年，巴塔哥尼亚就开始只使用有机棉制作棉制品，虽然这个决定导致生产成本大幅增加。

CEO 凯西・希恩（Casey Sheehan）这样解释："产品价格上涨必然导致未来几年利润受损。但我们想用行动提醒世界，如果继续使用传统棉花生产服装，全世界的水资源很快就会耗尽，大面积土地将遭受农药污染。"

CAN'T BUY ME LIKE

点『赞』之笔

在美国俗语中，人们把不好的东西叫做"柠檬"，而把优异的、十全十美的东西称做"李子"。正是以此为创意点，1960 年广告大师威廉・伯恩巴克为大众汽车制作了平面广告"Lemon"（柠檬），用"我们剔除了柠檬，而你们得到了李子"这样的广告语强调甲壳虫汽车无可挑剔。

巴塔哥尼亚保护环境的额外付出，从未降低其收益。希恩说："收入增长率、销售额还是其他传统指标纷纷显示，过去 3 年半是巴塔哥尼亚有史以来发展最好的一段时间，我们的年利润率已经从过去的 3% 左右提高到现在的 9% 左右。这个数值基本达到上市公司的水平。"

巴塔哥尼亚公司每年的员工流动率为 5%，工厂交货成品被拒收的比例是 1%。巴塔哥尼亚对自身业务及价值观如此自信，所以才有胆量在 2011 年圣诞节前刊登整版报纸广告，恳请客户不要随意购买巴塔哥尼亚的产品。此举不免让人想起当年开启广告创意革命的"剔除柠檬"广告。

巴塔哥尼亚的广告里是一件非常帅气的皮夹克，标题是"不要购买这件夹克"。广告内文详细说明了制作这样一件皮夹克，会给环境造成多大破坏。然而，它隐含的意思是：除非你必须买一件皮夹克，你才应该买我们的这一件，因为它是最好的。他们竟然以这样严肃认真的态度在劝告你，你还有什么理由不选择它？广告既坚守了原则，又充分展示了自己的优势，刚柔并济。巴塔哥尼亚的营销策略，将情感与理性拿捏得恰到好处。

“我们并非是在唱圣歌。”希恩强调说，“我们这么做只是因为企业的言行有可能影响周围所有人，包括同行业者以及合作伙伴，我们要对他们负责。快乐的领导者才能让员工快乐，快乐的员工才能制造快乐的产品，最终将为客户带去快乐。”

这也是为什么社交时代思维模式的贯彻实施，离不开高层管理者的原因。企业各层级的管理者必须消化理解这种思维模式，并且将它发散推广给所有利益相关者，包括公司临时工和外部证券分析师。

最近佛罗里达国际大学领导学中心主任莫德斯托·麦迪克在《哈佛商业评论》（*Harvard Business Review*）上刊登了一篇关于领导力的文章，文中他向身居高位的读者提问：“你服务的对象是谁？你本人？你所在的团队？社会？抑或是华尔街？”我们后来问他，他的问题想要暗示什么。难道 CEO 的主要职责不是保持公司的股价上涨吗？

麦迪克说：“大家总是以股东回报率来评估一家企业是否成功。回报越高，企业越成功，CEO 能力越强。在如今这样一个超连通（Hyper-connected）的世界里，企业的最高管理者必须是整个企业生态系统的管家。因为信息不断蔓延，他们管理企业的方式将被全世界知晓。”雀巢公司高管兼作家皮特·布莱克肖曾断言：“客户服务部是新的媒体部门。”如果麦迪克的看法正确，那么，**公司所有职员都担负着传播企业信息的任务。**

想抓住"粉丝"的心？先抓住"粉丝"的胃！

听了这话，你或许会说，"你在开玩笑吧？坐在高楼大厦里的高管们当然不能穿着内衣裤四处瞎晃悠"或者"的确，有一些像第7代公司和巴塔哥尼亚公司那样宣扬使用全麦原料，或者呼吁公众拥抱森林爱护地球的企业，确实靠掘地三尺求生机的方式获得了成功，但他们难道不是因为赶上了好时机，受益于已有的全球运动以及消费者日益膨胀的消费欲望吗"？那么，就让我们看看另外一家风格迥异的企业，这家企业不仅经营着极不符合现代科学营养观的产品，甚至还在全盛时期沦为了华尔街的笑柄。

不错，我们说的是一家名叫卡卡圈坊的企业。由于过度扩张、会计违规丑闻，投资者撤资，卡卡圈坊股价从2003年的44美元暴跌至2009年的1.15美元。最终，借助稳定增长的营业额、利润以及连锁店销售额，尤其是全球各地近乎疯狂的忠实"粉丝"，卡卡圈坊的股价爬升至9美元。

"幸好有一批忠实'粉丝'，无论发生什么事，他们始终如一地支持着我们。"卡卡圈坊的首席运营官德韦恩·钱伯斯（Dwayne Chambers）说，"这些人开心快乐时爱吃甜甜圈，情绪忐忑时也爱吃甜甜圈，伤感郁闷时更爱吃甜甜圈。我们有各种各样的产品，能满足各种不同需求，适合各种情绪的客人享用。"卡卡圈坊就像一位老朋友，一个闪着诱人光泽、塞满可口奶油的朋友。

2009年，吉姆·摩根（Jim Morgan）就任卡卡圈坊CEO之后，带领公司高管们反思企业宗旨。反思出的结果并不高深，甚至略显老生常谈："卡卡圈坊希望吃甜甜圈的快乐心情，触动大家的心灵，改善大家的生活。"得出这条结论后，公司并没有马上执行，这是他们

75 年的管理经验总结，他们要求全体员工要在每一次与消费者的互动中都传递快乐。于是，培养愉快的人际关系成了卡卡圈坊独有的“甜甜圈文化”。

“在社交媒体平台出现之前，客户口碑就决定着我们的品牌命运。”钱伯斯说，“只是建立口碑的方式比较传统，传播载体是理发店剃胡须的男人或者美容院护肤的女人而已。如今，社交媒体平台的影响范围更广，它吸引广大网民参与品牌互动，并给予他们选择权，让他们选择真正感兴趣的活动和品牌。突然之间，企业有了更大的机会借助客户口碑来树立品牌。”

CAN'T BUY ME LIKE

点『赞』之笔

早在社交媒体平台出现之前，客户口碑就决定着品牌命运。只是建立口碑的方式比较传统，传播载体是理发店剃胡须的男人或者美容院护肤的女人而已。如今，社交媒体平台的影响范围更广，它吸引广大网民参与品牌互动，并给予他们选择权，让他们选择真正感兴趣的活动和品牌。

因此，企业需要牢记，跟客户保持和谐关系与发送一条 140 字的广告之间存在本质区别。肯德基利用 Twitter 发广告，卡卡圈坊则利用它与客户互动。钱伯斯说：“设想一下，你在家里的电脑前认真工作，这时一位朋友发来一封电子邮件。不管你当时在忙什么，你一定会停下手里的工作打开那封邮件，因为那是你朋友的邮件，你急切想知道他发邮件的原因，你知道他不会无缘无故骚扰你。我们就希望成为消费者的那个朋友。” 这个“朋友”并不容易做。但如果品牌的价值观、社会通行的价值观以及消费者的价值观三者相一致，就能激发消费者的归属感和热情，而消费者的归属感和热情会催生员工的使命感。正是这使命感，让卡卡圈坊的员工即使凌晨起床启动烤箱，也不觉得特别辛苦。这种归属感和热情，让企业不需要为了推销这些容易诱发心血管疾病的“定时炸弹”而投入巨额的广告费。

钱伯斯称，卡卡圈坊的媒体预算还不到总开支的5%。有了卡卡圈坊在Facebook上的380万的“粉丝”，钱伯斯即使不投放大量广告也可以与消费者充分互动。

一线员工，企业最好的发言人

去年春天的一个午后，在美国佛罗里达，波士顿人弗雷德·赖克哈尔德（Fred Reichheld）带着儿子吉米走进一家快餐店用餐。他们之前在蒂伯龙高尔夫俱乐部打球，现在有些饿了，加上汽车也需要加油，于是走进了这家连锁餐厅。这家餐厅跟他们家附近的那些很不一样，让人感受到一股异域风情。在此之前，吉米从未在这家叫做“福来鸡”（Chick-fil-A）的餐厅用过餐。

“那家餐厅干净整洁，环境舒适。”弗雷德回忆道，“不久，一位女士过来问我们是否需要续杯，态度亲切友善。这是他们为客户准备的惊喜之一。

在我们回答不需要之后，这位开朗健谈的女士接着说：‘你点了辣味鸡肉三明治。我很喜欢这款三明治。你有没有试过搭配蓝乳酪调味酱一起吃？像吃布法罗辣鸡翅那样。’我回答说从没有过。得到的是她同样热情的询问：‘那您喜欢蓝乳酪调味酱吗？’我答说：‘有时候喜欢。’听完这话，她立刻跑回厨房，拿了一包沙拉配酱说：‘来，尝尝看。’我照做了，没想到味道非常好。我吃三明治的时候，她跟我儿子开玩笑：‘今晚是我们的亲子之夜，孩子们可以到店里学习做蛋糕，还有免费鸡块提供哦。’”儿子吉米听了这番话乐不可支，因为他已经 22 岁了。

“他觉得那位女士很可爱。接着她又介绍了店里的其他活动，亲子之夜、父女约会之夜之类的，似乎都是些会让人愉快又难忘的经历。她解释说，活动中，餐桌上会铺上漂亮的桌布，工作人员会穿上正式的礼服，还会有古典的马车将客人从停车场接到餐厅门口。餐厅为‘足球妈妈’（开车载孩子去踢足球并在一旁观看母亲。——译者注）提供特殊服务，协助她们更轻松地喂饱一车‘小恶魔’。”

弗雷德转述了那位女士的话：“因为一个大人带着一群小孩用餐，必然闹哄哄、乱糟糟，而且累得够呛。我们的做法是，提供汽车点餐窗口，让孩子们坐在车里点餐。而她们去停车的时候，我们准备食物。等她们再次回来，食物已经打包备好，这一家人又可以立刻上路，在车里井然有序地用餐了。”这番话在弗雷德听来，犹如悠扬的音乐一样动听，因为福来鸡恰好是他的客户之一，而他也正是上文中提到的净推荐值概念的提出者。这位员工并不知晓他的身份，前者只是一如往常地用自己的热情感染顾客，这正是弗雷德认为的企业最有价值的资产。在这位女侍应眼中，弗雷德不过是位饥肠辘辘的客人，这个时候最能体现福来鸡的善意和动机之单纯。

弗雷德的亲身体验证明，这家拥有快餐行业最高净推荐值的连锁餐厅，的确将热情款待顾客的经营理念深植于企业文化。这种热情不只是因为福来鸡有宗教信仰。这里所说的宗教信仰并非比喻，福来鸡的使命就印在每一名员工的名片背后：“做一个忠诚的管家，照顾好那些将自己托付给我们的人，为诸神带去荣耀，为每一个踏进福来鸡的人传递正能量。”

点『赞』之笔

让员工成为企业第一代言人之前，企业首先要做到把员工当成家人，此理论尤其适用于餐饮业。餐饮业的竞争归根到底是服务的竞争，而服务取决于员工，鉴于此，只有树立“把员工当成家人”和“让员工比顾客重要”的观念，餐厅员工才能更真切地体会到公司的真诚，才能在与顾客接触的过程中以更饱满的精神和热情感染顾客。

我们不是在偏袒笃信宗教的企业。实际上，福来鸡还反对过同性婚姻。2012 年 7 月，福来鸡总裁发表了一份声明，证实公司曾为反同性恋组织捐款。不出所料，公众开始抵制福来鸡。直至 2 个月后企业被迫调整经营政策，抵制活动才停止。但我们也必须承认，是福来鸡对企业宗旨的坚守，使得其精神传遍世界。

与卡卡圈坊和美捷步一样，福来鸡坚守企业宗旨，建立和谐的客户关系，获得的并不只是精神上的回报。每年，福来鸡的广告费只有麦当劳的 1/3。确切地说，麦当劳的广告费占总收入的 2.6%，而福来鸡的只有 0.84%。弗雷德说：“当客户就是活广告的时候，企业就不需要支付那么多广告费了。”

洗白失败，百事可乐跻身烟草行业

有不少 CEO 在得知客户信任如此值钱之后心动不已，纷纷投身探索企业意义的行列。甚至其中一些人已经召集公关人员，讨论如何吹嘘企业形象了。最终的结果无非是总结出大量笨拙的社交媒体技巧和空洞苍白的企业使命。说直白点，就是空欢喜一场。

一切社交互动都必须以真实的企业宗旨为基础，要花招或弄虚作假都毫无意义。不然企业就会如Purpose广告公司的创始人杰里米·黑曼所言："别沦为麦当劳那样的角色，不过是新出了一款沙拉，就认为自己大获成功，创造了辉煌。"

企业核心价值观无法伪造，一如纸包不住火。因绘制漫画《呆伯特》（*Dilbert*）而声名鹊起的史考特·亚当斯曾创造了一台企业宗旨生成器。它将众人熟知的术语拼凑成貌似深奥的废话："我们的职责是，果断下放经济权力，生产高性能的基础设施。"而全球最大烟草公司菲利普·莫里斯公司的价值观更加让人摸不着头脑："诚实、信任以及尊重。"同样假大空的还有安然公司总部大厅的那句"诚信经营，注重沟通，尊重客户，追求卓越"。还有刻在了安然公司总部大厅的大理石墙上的企业宗旨："诚信经营，注重沟通，尊重客户，追求卓越。"但显然安然的宗旨远不止如此，只是那块石头刻不下"贪婪的豺狼"这几个字了。

用假大空的人性追求来宣传公司形象，犹如妄图用无聊的小心机骗过心理学家，必然竹篮打水一场空。此外，**不要混淆企业宗旨与差异化营销两个概念，不要将产品的市场定位作为企业宗旨**。空洞的口号和所谓的市场定位，都只是通过设定更适合的品牌形象来赢得客户关注的手段而已。

以企业宗旨为出发点的营销策略，不是强调差异化，而是如实反映品牌形象，这与广告塑造的虚假形象截然不同。企业宗旨可以是传统的"制作并分享最可口的冰淇淋"，也可以崇高神圣，但其最终意义都在于阐明企业存在的原因。最最重要的是，必须真实。

百事可乐公司推出的备受支持和广泛关注的"百事焕新"公益项目，也被质疑动机不纯。"百事焕新"项目投入 2 000 万美元，帮助那些有想法的人或机构推行有社会价值的项目。借此，百事可乐得到在世界各地宣传的机会，进而得以培养新一代忠实拥趸。但一家生产高热量饮料的企业，如此关心社会健康，似乎有悖于其经营宗旨。

点"赞"之笔

所谓差异化营销是指企业针对已经细分的市场，根据每个子市场的特点，分别制定产品策略、价格策略、渠道策略以及促销策略并予以实施；而企业宗旨则是出自企业自身的特点找到最适合自己的发展策略，并以此制订经营方式和营销策略。

杰里米·黑曼说："项目执行之前，首先要衡量它是否能为公司带来正面的影响。如果不能，那就要想办法调整企业的参与方式，减少投入。'百事焕新'项目几乎无法给百事带来任何收入。因为百事可乐销售高糖分碳酸饮料，而过量摄入糖分有损人体健康。"

如果这种说法听起来过于严厉，那么请听一听公共健康研究所伯克利媒体研究中心（Berkeley Media Studies Group）的评价。伯克利媒体研究中心认为"百事焕新"项目明显在帮百事可乐公司推卸社会责任。百事可乐公司在用各种活动转移公众的注意力，试图消除高糖分饮料与肥胖症之间的联系。学者们严厉抨击这一"洗脱罪名"的行为："这一套与当年烟草企业将所有问题归咎给消费者、推卸社会责任的做法如出一辙，都是在试图提高知名度的同时，规避监管。"

综上所述，种种案例显示，遵循企业宗旨的经营方式简洁高效，只是太容易迷失方向。迷失是因为这种思维方式与人们的直觉、经验以及教育相违背。商人头脑里预设了消费者的需求，注意力被钉在投资回报率上。宣扬领导消费者、不要迎合消费者的人，被视为商界的叛徒、无知的蠢货、不知所谓的疯子。美国角色艺术家，消费者时代的“难民”，艾瑞克·瑞恩（Eric Ryan）对他制作广告时的遭遇记忆犹新。他说当他提议用企业自身的特点作为卖点的时候，客户总是无情拒绝。

瑞恩说：“总在追赶消费者脚步的企业不可能领导消费者。以前做广告的时候，我经常挨骂。因为大家普遍认为广告人的工作就是表达消费者的心声，但我总喜欢将消费者需求与品牌特点融合起来。”

“在赖利广告公司工作的时候，我参与过通用集团的土星汽车（Saturn）的广告项目。我与设计师们一起，长时间待在工作室和科技中心。有一次，某同事悄悄跟我说：‘即便我们制造出更棒的汽车也赚不到更多钱，更棒的广告才能。’”

如今，瑞恩从乙方变为了甲方，成了清洁用品公司Method的CEO。他们的企业宗旨和口号是“抵制污垢”。他与合伙人亚当·劳里很清楚自己在做什么。Method生产的肥皂和洗涤剂完全用植物性化合物和天然香料制成，不含任何腐蚀性化学物质，产品的外包装新颖时尚，材质100%可循环使用，造型媲美艺术品。产品设计本身就是最好的广告，散发独特的品牌个性，吸引着商场的顾客。好奇的购物者在拿起泪滴形的瓶子或装洗衣粉的泵状物时，就会看到瓶底或泵底写着：“不要看我的屁股。”

不出所料，Method公司古灵精怪的营销手法受到了消费者的狂热追捧。瑞恩说：“我们希望通过这些有趣的细节来打动消费者。我们不是要举办一场短暂而简单的活动，我们想发起一场盛大、持久、影响深远的运动。”

成了甲方的瑞恩依然面临广告公司的顽强抵抗，它们拒绝将企业真实形象作为品牌来塑造。瑞恩表示：“广告公司根据以往的经验，希望将我们塑造成一个能在市场上引起最大共鸣的新形象，赋予Method新含义。通常，广告公司给我的第一条建议就是：继续宣扬‘抵制污垢’并不高明，于是我必然要与他们进行一场激烈的争论。”

瑞恩需要说服的不仅仅是广告公司，也包括Method的零售商。“他们总是问我新广告什么时候出。零售商对于我们的品牌建设非常在意，他们总盼望着生产商源源不断地在广告上花钱。”但瑞恩和劳里坚持自己的想法。没有华尔街的投资人强迫他们使用比天然香料便宜一半的人工香料，也没有人能强迫他们替换掉100%可循环使用的昂贵包装。创立不到12年，Method公司成为美国发展速度最快的民营企业之一。戴尔前首席营销官（CUO）埃琳·尼尔森不久前在美国广告协会举办的活动中提到：**“企业核心目标不仅能沟通心灵，还能带来经济收益。”**

用产品与服务具象化企业使命

沟通心灵、创造财富，也是喜拉利斐士比公司（Hillerich & Bradsby）的首席运营官凯尔·施莱格尔（Kyle Schlegel）的美好愿望。赫赫有名的棒球装备品牌路易斯维尔—斯拉格正是喜拉利斐士比公司旗下品牌。2012年2月，施莱格尔从宝洁公司辞职，加入喜拉利斐士比。就职后，他发现这家拥有129年历史的家族企业的营销方式完全落后于消费者时代的标准，更别提全新的社交时代了。

“我们几乎从零开始，”他说，“这倒也有利于树立新的企业核心目标，在这个过程中几乎没有遇到任何神圣不可侵犯的条条框框。”

施莱格尔在宝洁时，曾参与过两个品牌的目标探索工作，这段经历让他获益匪浅又饱受折磨。收获是他明白了品牌核心目标、企业宗旨的重要性，折磨是宝洁的品牌管理体系与高层意见总是阻挠核心目标的贯彻实施。部分品牌忠诚地接纳了企业宗旨，执行了品牌目标，而另外一些并没有，因为即便不接纳也不会造成严重后果。

“宝洁认为自己面临的是非此即彼的选择。”施莱格尔说：“必须在坚守企业宗旨与采用卑劣手段之间做选择，而一切的目的无非是‘把产品堆放在沃尔玛显眼的地方，并以低价出售。’很多人都不理解与客户产生共鸣的必要性。

“现在，我仍努力让企业核心目标更加真实可感，更加具象化。每支团队里都有一些认为企业目标应该更缥缈高深有遐想空间的人，也存在更喜欢以真实数据说话的人。”

引领企业从传统营销时代过渡到社交营销时代的关键是，化解两者之间的冲突。在这一点上，喜拉利斐士比拥有得天独厚的优势。喜拉利斐士比的 CEO 比尔·克拉克（Bill Clark）始终认为路易斯维尔—斯拉格应该坚守信念，不唯利是图。这种坚定的信念深植于路易斯维尔—斯拉格品牌的血液中。

“路易斯维尔—斯拉格是业内仅存的实行家族经营的私有品牌，拥有更广阔的操作空间。其他品牌都已上市或被其他上市公司收购，它们财力雄厚，社会影响广泛。而我们的影响力只能集中在路易斯维尔—斯拉格上。”

坏消息是，那些财力雄厚的竞争对手正绞尽脑汁想方设法地扳倒喜拉利斐士比。好消息是，施莱格尔对企业精神的探索，为公司创造了无可匹敌的巨大收益。路易斯维尔—斯拉格不仅成了高贵品质的象征，更成为商业传奇。甚至职业球员霍纳斯·瓦格纳（Honus Wagner，美国棒球运动员，棒球史上最优秀的游击手，1936 年首批入选棒球名人堂的五人之一。——译者注）都为路易斯维尔—斯拉格背书。

施莱格尔说："在快餐文化盛行的今天，路易斯维尔—斯拉格是唯一的、能够让公众保持对棒球运动的热情的品牌，即使棒球运动不如以往盛行。相比足球、篮球这类更吸引人的运动，只有真正热爱棒球的观众，才愿意观看长达 3 小时的棒球比赛。但美国人对棒球有种特殊情结，这种情结从祖父留传到父辈再到子辈，我们希望这种情结能世世代代传递下去。因此，路易斯维尔—斯拉格肩负重担，重建消费者与路易斯维尔—斯拉格的情感联结至关重要。"

问题是，这种情结究竟是历史原因形成，还是路易斯维尔—斯拉格造就的？是因为切斯特·艾伦·阿瑟总统的政策改革，或者路易斯维尔—斯拉格有更深层的值得探究和挖掘的意蕴？

必须回到这个问题上："企业与消费者之间的交集是什么？"交集与企业的身份与职能有关，不是洗发水或体育用品等产出，**而是"企业能为行业发展、人类进步做出什么贡献，以及这种贡献是怎样与目标受众产生联系的，是怎样发挥作用的"**。调查后，MEplusYOU 发现了路易斯维尔—斯拉格企业宗旨中的几项原则：

- 唯有坚持团队精神、艰苦奋斗、勤奋工作、努力奉献，企业才能保持长久的辉煌；
- 满怀信心是赢得比赛的不二法门；
- 与顶级运动员合作才能打造出顶级产品；
- 坚信自己有责任保护并壮大路易斯维尔—斯拉格，因为它已成为美国的象征。

这些信念共同指向一点：路易斯维尔—斯拉格存在的意义是成就优秀的棒球选手。

与宝洁不完全坚持企业宗旨也能创造收入同理，即便对企业宗旨理解深刻也不一定能立刻获得收益。通常是最终使用球棒的小孩，决定选择哪个牌子的球棒，而大多数小孩根本不在乎品牌的内涵，路易斯维尔—斯拉格的经营宗旨以及悠久的文化沉淀无用武之处。其他运动品牌，如耐克、Easton、Marucci、DeMarini（这三家都是美国有名的运动用品品牌。——译者注），都以更高的品牌知名度，吸引了新一代的消费者，这些人并不在乎霍纳斯 · 瓦格纳使用什么牌子的球棒，孩子们对各品牌的知名度了如指掌。但问题是，高知名度不代表高品质。比如，原本为确保外场手（棒球与垒球运动中的一个守备位置或该守备位置运动员的统称，也称外野手。——译者注）的安全，球棒的弹性限度（又称为击球后复原系数 ）有明确规定。但有一些品牌为了提高球棒性能，对这些技术规定置若罔闻。Marucci 的两款球棒就被美国大学体育协会和青年棒球组织判定为“不符合要求”。

施莱格尔称，有不少竞争对手不仅无视安全标准，还专门挑选与路易斯维尔—斯拉格有广告合约的棒球员代言产品，更有品牌恶意压价，制定比零售价还低的直销价格。他说：“在这种情况下，喜拉利斐士比必须更加坚守原则。

“竞争不总是公平的，这点确实很让人沮丧。当竞争对手凭借某种商业策略获得了丰厚的经济利益时，大多数人会想，既然别人都这样做了，我们似乎没有理由不效仿。但这不是我们想要的那种经营方式。我们要创造更长久的辉煌。

“喜拉利斐士比之所以能延续 128 年，正是因为我们总是用正确的方式做事。消费者清楚我们秉性纯良。无论做什么，我们总是将消费者的利益摆在首位，考虑问题时始终会以消费者的利益为出发点。”

施莱格尔始终坚信得道者多助。引入高性能产品，重塑品牌价值之后的第一年，路易斯维尔—斯拉格的年度销售额增长了10% ~ 15%。同时，施莱格尔并没有为工作焦头烂额，他早上按时起床，晚上睡眠良好。他说："每个人都经历过这样的阶段，对吧？我是说，我记得自己刚毕业的时候感到前途渺茫，我问自己为什么在这里？我在这里做什么？每个人都必须经历一个探索灵魂的阶段。企业也一样。"

施莱格尔也无法保证灵魂探索能给路易斯维尔—斯拉格带来爆炸式发展，但他确信自己找到了答案。

反例：默多克传媒帝国的解体

坚持追求你的目标。鲁伯特·默多克有资格说这句话吗？

毋庸置疑，默多克创立了世界上最大的传媒帝国之一。新闻集团(News Corporation)的用户数量和盈利能力一向无可匹敌。追逐利润，不仅仅是新闻集团奉行的商业策略，更是他们的信条。正如2009年，默多克的儿子、集团准继任者詹姆斯·默多克在英国爱丁堡国际电视节上所说："利润是唯一可靠的、永恒的独立担保。"

詹姆斯发表上述言论不到两年，默多克传媒帝国陷入一场巨大混乱。2011年初，《世界新闻报》(*News of the World*) 窃听丑闻曝光，长期隐藏的内幕被揭露，并涉嫌贿赂英国政府高层官员。

2012年初，《世界新闻报》超过60人被捕，报社遭查封，詹姆斯被迫辞去新闻集团执行主席职务。同年夏天，新闻集团决定将报纸印刷业务拆分，以免拖累整个集团。

2012年8月，同样在爱丁堡国际电视节上，新闻集团旗下英国电视制作公司 Shine Group 的董事长、詹姆斯的妹妹伊丽莎白宣称，她不赞成自己家庭的价值观和母公司新闻集团的经营哲学。詹姆斯认为，专注于追求利润才能确保新闻报道的独立性，保证新闻自由和民主。但在伊丽莎白看来，“自由最大的敌人往往来自其本身，任何组织都需要一套严格的、经反复讨论并验证有效的、制度化的价值观，这是本次事件给我们的最大教训之一”。

“把利润当成唯一目的，是一切灾难的源头。”伊丽莎白补充道。

CAN'T BUY ME LIKE

第 5 章

杜鹃花效应，让信任永续

相比一年生的矮牵牛，种植寿命可达百年的杜鹃花似乎更省时省力。培育品牌也是同样的道理，能够长期发挥效用的发展战略总好过三年五年就要推到重来的短视经营。

鉴于信任成本的考量，消费者往往愿意延续已有的信任，而不是花费力气筛选新的信任对象。

每个专业人士都有责任了解本行业的生存状况。

——罗伯特·高特曼（建筑师）

◆◆◆ 第 5 章 ◆◆◆

杜鹃花效应，让信任永续

请选择杜鹃花。秋海棠、矮牵牛、凤仙花固然可爱，但每年都必须重新种植一次，要重新购买花苗、培育、灌溉、除虫，然后看着它们在秋天枯萎死去。杜鹃花就不一样了，作为多年生植物，只要稍加呵护，它们就能年复一年地怒放。

明白这番话的含义了吗？投放广告就像种植一年生草本植物，社交时代则是一个长满杜鹃花的花园。正如福来鸡餐厅和卡卡圈坊的成功案例所示，可持续性品牌最明显的优势是："杜鹃花效应"能大幅削减企业广告费用。虽然我们并没有收集帕纳拉面包的品牌可持续性数据，但其 CEO 罗恩·谢赫称，帕纳拉的广告费用仅占销售总额的 1%。而餐饮行业平均广告费用基本达到 3% ~ 5%。我们再看一遍品牌可持续性地图，这次重点留意零售行业的状况，如图 5.1。

"可持续"象限里的三家线上或线下零售商，亚马逊、好市多和塔吉特，它们每年的广告成本平均占销售总额的 0.52%。位于"有限"象限里的美国第三大零售商西尔斯百货每年的营销费用占销售总额的 1.62%，但如此大的花销，并没能挽救不断流失的市场份额。由此

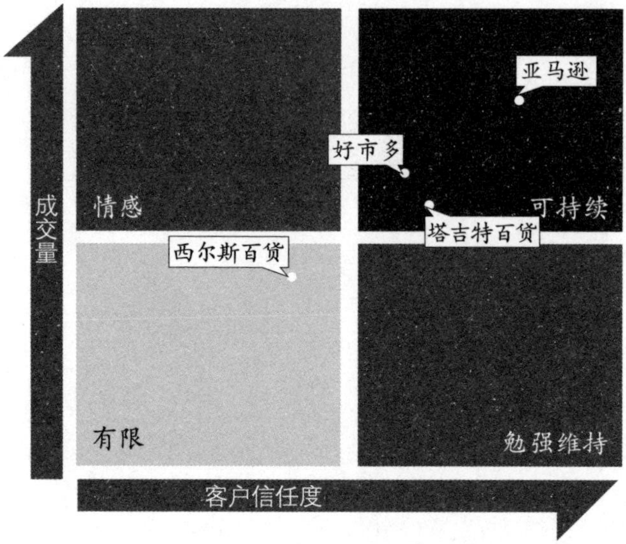

图 5.1　零售行业的品牌可持续性地图

不难看出，对品牌而言，与消费者建立持续积极的关系比获得更高的毛评点（Gross Ratings Points，印象百分比之和，印象是指受众接触媒介的机会。——译者注）更重要。但也不是所有旨在建立关系的措施都有效。还记得第 2 章里的谷歌实验吗？搜索“我喜爱……”得到了什么结果？一直以来广告开支最大、与消费者接触最多的两大品牌花旗银行和 AT&T 公司最不受欢迎。如今，花旗银行已经决定种杜鹃花，虽然这个决定未免有些姗姗来迟。

迷途知返，花旗银行重获客户好感

花旗银行的决定，在情理之中。若不是美国政府提供 1 000 亿美元资助，花旗银行可能已经崩溃破产。经此一劫，他们调整思路、重组格局不足为奇。2012 年 4 月，花旗银行前 CEO 理查德 · 帕森斯

(Richard Parsons）离职，他将花旗银行濒临破产的原因归咎于 1999 年废止的《格拉斯—斯蒂格尔法案》（Glass-Steagall Act，在 19 世纪 30 年代大危机后，美国立法将投资银行业务和商业银行业务严格地划分开，该法案禁止银行包销和经营公司证券，只能购买由美联储批准的债券。——译者注）。或许这的确是原因之一；或者评级机构和联邦监管机构的无能与失职也是原因之一，因为他们未能预测金融行业近 10 年的过度扩张会诱发经济危机；或者贪婪狡诈的华尔街金融大鳄也是原因之一，他们随意提供抵押贷款，无视借贷人的信用危机；或者借贷人也逃不了干系，他们明知无力偿还贷款却坚持借贷；或者这是不负责任的花旗银行及其同行们咎由自取，他们为了收取更多服务费，无节制地发放次级贷款，提高了整个社会的财务风险，诱发了全世界的经济危机。这些原因都是正确的。

但实情是，雷曼兄弟倒了，债券评级机构穆迪（Moody’s）不再按月寄送信用卡账单、提醒客户留意开销了，而花旗银行却一如既往地到处宣传自己值得信赖。选花旗银行作为引发经济危机的替罪羊也未尝不可，正因如此，花旗银行重塑品牌形象之路任重道远。

花旗银行常务董事兼北美营销主管凡妮莎·克莱拉（Vanessa Colella）说：“花旗银行并没有白白经历这次危机，我们进行了深刻的自我反省。”反思收获颇丰，其中还包括新的花旗集团 CEO 潘伟迪、新北美区 CEO 莫迪那·莫拉以及凡妮莎·克莱拉三人的加入。

“北美区的高管已全部更换，新成员都十分清楚要面对什么样的艰难局面。”克莱拉说，“我加入花旗银行是因为我非常看好花旗银行，我认为它会变得更好，变成我们 11 万员工的骄傲，结果我们失败了。但这不会成为我们前进的阻碍，这一次我们将重塑品牌形象作为一切的出发点，并坚决以正确的方式处理客户关系。”

克莱拉没有夸大重塑品牌形象的困难程度，她表示："尽管奥德修斯在返乡途中遇到过歌声魅惑人心的塞壬、体型魁梧的食人族、凶残的独眼巨人，但我们的路途会更为艰难。"

"也许消费者不相信花旗银行能够改革成果，但那既不在我们控制范围内，又不能动摇我们改革的决心。"克莱拉说，"事实上，我加入花旗的时候就知道我们与客户犹如濒临分手的恋人。**在一段恋情即将结束的时候，拿出戒指求婚，并不是挽救这段感情的有效方法，而且对方也绝对不会答应。正确的方法是，花时间重新经营，用诚意打动对方**。花旗拥有很多向消费者证明自身价值的机会，我们只是迈出了这漫漫长征路上的第一步。"

花旗银行的第一步是广泛收集客户意见，包括开展净推荐值调查、组织线上和线下小组讨论，通过电话、电子邮件以及社交媒体平台搜集客户反馈。

"意见收集工作进行了 18 个月。现在，我们有上百个客服人员在 Twitter 上回答客户的咨询。每周我们都要在 Twitter、Facebook 以及一些著名博客上进行上千场沟通对谈。"

花旗银行与客户网络对话的目的不是让对方"闭嘴"，而是引导客户描述不满意的细节并借此改善客户服务。尽管意见收集工作的效果并不振奋人心，但仍具有相当程度的启发性。"在整个行业中，花旗银行的客户好感度最低，这不能简单地归咎于金融服务行业的讨人嫌。"

经此一劫，花旗银行的管理层反而坚定了信心，他们知道无论征途多么艰难，任务多么艰巨，都必须走下去。他们开始以消费者为中心，重塑银行形象。比如，当想咨询信用卡问题的客户将电话误打到银行业务服务中心时，不需要再等待转接，因为花旗规定，银行业务服务中心可代为解答 10 个最常见的信用卡相关问题。这样就避免了客户因长时间等待而产生的不满情绪。

另一个简单有效提高用户体验的方案，是在社交网络平台提供一键呼叫服务。当客户在 Twitter 上投诉或咨询问题时，花旗银行的服务号会及时回应。此外，花旗还对一线员工进行全面培训，首次允许银行柜员和客服人员知晓客户在花旗银行的全部业务信息，允许他们参与所有客户服务。最后，花旗银行还想方设法改善服务氛围。比如，当客户修改房屋抵押贷款时，接待人员不再是“损耗调制专家”，而是“业主援助专家”。克莱拉坚称这种转变远非简单的称呼上的变化。她说：“这是在强化以消费者为中心的企业文化。此外，我们还为有业务需要的业主提供一站式服务。”

“为有需要的人解决问题”成为了花旗银行的宗旨，他们重新找到了自己的存在意义。不仅如此，花旗银行还开始提供零抵押贷款服务。2008 年 11 月，花旗银行开始向购房者提供援助计划（即 CHAP 计划），成为首家对次贷危机做出回应的银行。此外，花旗银行服务客户的举动还包括：共享常见金融问题的答案，暂时减少失业者抵押贷款的还款额度，延长圣诞节期间抵押品赎回权的期限，延长墨西哥海湾漏油事件的偿付期。

2011 年 4 月，花旗银行成立了一个名为“复苏之路”（Road to Recovery）的项目，派遣一批业主援助专家到 25 座房地产业崩溃最严重的城市提供专业服务。这个项目吸引了 2 300 个抵押贷款持有者，用克莱拉的话说，“其中 2/3 的人找到了解决方案。紧接着，我们又在 2011 年 12 月推出了线上社区 HomcownerSupport.com，在那里客户可以学习各种抵押贷款知识，或者互相讨论分享经验，还有花旗银行的贷款业务经理担任论坛管理员来答疑解惑。此外，我们还积极关注用户的网上发言，时刻准备为他们提供信息或解决方案。倾听客户绝不仅是为了完善服务流程，更多的是让我们的服务变得更加真诚、更加人性化，零抵押贷款业务充分体现了这一点”。

克莱拉认为本次改革最大的进步是花旗银行对监管机构、股东以及客户的透明度达到了前所未有的程度。这一点上，花旗银行远胜过竞争对手。更重要的是，花旗银行找到了漫长的企业文化转型与实现投资人短期回报之间的微妙平衡点。

点『赞』之笔

关于提高客户透明度的价值问题，可以从以下两个角度分析：首先，如果客户获得了数据访问权限，知晓了信息，他们能够做到哪些以前无法做到的事情？其次，通过披露数据，企业将得到哪些之前无法得到的好处或价值？

克莱拉说：“我们是商人，十分清楚我们必须在企业文化转型的同时创造优秀业绩。我们的业绩表现必须满足股东以及投资分析师的预期，因而决策必须既能保证最优财务业绩，又符合长期发展目标。作为管理者，我们必须谨慎选择投资项并用心计算回报周期，这就是我们的职责。”

投资人起初并不十分看好花旗银行的改革，毕竟到 2009 年初，花旗集团的股价也只徘徊在 20 ~ 42 美元，而崩盘前的股价则接近 700 美元。到 2011 年中，花旗银行业绩开始上涨，暂停多时的红利恢复发放。2012 年 10 月，CEO 潘伟迪突然辞职。但至少克莱拉最重视的客户满意度大幅提升了。弗雷斯特研究公司（Forrester Research）的研究显示，花旗银行信用卡部的客户体验得分，从 2010 年的 50 分，升到 2011 年的 62 分。百分制中得 62 分或许并不值得庆贺，但一年内提高 24% 也属于相当惊人的成就了，毕竟当时公众对银行的厌恶程度甚于劫匪。

“我们的长期目标是以消费者为中心改造花旗银行。”克莱拉说，“这是我们前进的动力，驱使着我们努力工作，不断精进。”

品牌可持续性地图的信任度分析

花旗银行的“杜鹃花”就这么茁壮生长着。至于“矮牵牛”的近况，看看AT&T公司就知道了（如图5.2）。在2012年广告时代数字会议（Ad Age Digital Conference 2012）上，AT&T 公司负责品牌标志与设计的副总裁格雷格·赫德（Gregg Heard）提出了自己的疑惑：制造智能手机的企业为什么不受消费者欢迎？《广告时代》杂志（*Ad Age*）随后刊登的文章称，格雷格·赫德的疑问遭到了观众的质疑。文章作者卡诺尔·帕特尔（Kunur Patel）写道：“观众席隐约传来笑声。”

赫德的演讲还在继续：“我们希望你们好好想一想，AT&T 公司是生活类品牌，让你们的生活空间更加广阔，让你们体验更丰富多彩的生活，为你们的生活创造出新的价值。这些都是无形的价值，我们是创造这些无形价值的载体。只不过这些‘载体’们都面临着相同的挑战——人们喜欢我们的技术、我们的服务却不爱载体本身。”那一段话里的关键点是“我希望你们好好想一想”。

在社交时代，企业最好不要要求消费者好好想一想，因为消费者不会在乎企业的想法。消费者有自己的思考方式，这也在很大程度上反映了受消费者信任的企业的思考方式，而 AT&T 公司是一家完全不被消费者信任的企业。

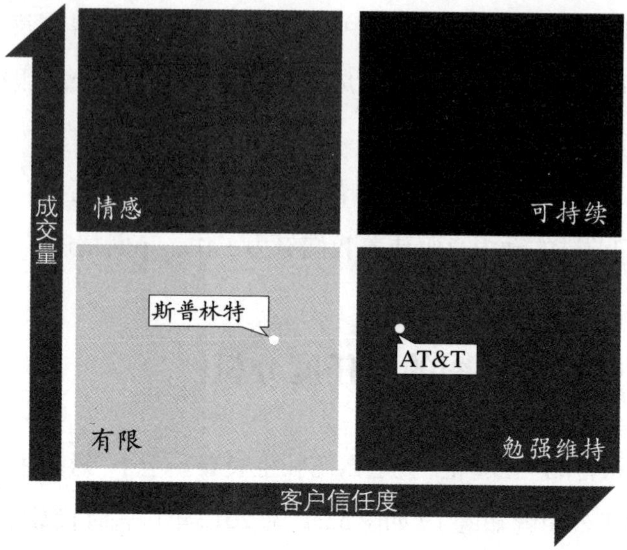

图 5.2　AT&T 公司在品牌可持续性地图中的位置

为了统一消费者与企业对品牌的认知，AT&T 公司出台了所谓的解决方案，但效果南辕北辙，他们制作了一些试图改变消费者思考方式的广告。

赫德告诉员工："这次我们要转变思路，将宣传重点放在科技对大众生活品质的提高上。"也就是说，面对数量正在减少、关注度不断降低的客户群，AT&T 公司不是强调自己无线服务覆盖面最广、联网速度最快，而是自我陶醉地宣称自己对用户的生活至关重要。这不禁让人想到那条商业广告，广告里，一个女演员正在向朋友夸耀自己即将出演一个路人甲。

赫德这种程度的"转变"无法重建公司与消费者之间的信任关系，或者说，AT&T 公司根本不可能重新思考、调整定位。

AT&T 公司在品牌可持续性地图上的位置清楚表明它在消费者心中的地位。

品牌在品牌可持续性地图上的位置除了显示其目前的发展状况，还预计着品牌未来的潜力。因此，“勉强维持”象限里的品牌不确定是否能长期吸引潜在消费者。“情感”象限里的品牌虽受消费者信任，长远看很有发展潜力，但其竞争劣势（如价格过高或配送困难）也不容忽视。可以肯定的是，在可预见的未来里“可持续”品牌仍将占据市场主导地位，而“有限”象限里那些目前已经经营困难的企业，未来仍将麻烦不断。

问题本身暗示了解决方案：在品牌可持续性地图上，代表成交量的横轴表示现在所取得的成就，代表信任度的纵轴则是在预测未来可能获得的成就。企业要解决的第一个问题是：如何量化目前的成功？消费者调查的可靠性不高，因为它很难精确描述产品或服务的质量，也很难准确评估购买历史。广受关注的盈利能力也很容易受到诸如货币估值等可变因素的影响，无法如实反映各品牌之间的对比关系。因此，品牌可持续性地图中的“成交量”是基于市场份额推算出来的。因为市场份额比其他诸如行业发展趋势之类的因素更容易获得且相对稳定。

以啤酒和汽车品牌为例，我们就是利用赫芬达尔—赫希曼指数（Herfindahl Hirschm Index，HHI，简称赫芬达尔指数，是一种测量产业集中度的综合指数。它是指一个行业中各市场竞争主体所占行业总收入或总资产百分比的平方和，用来计量市场份额的变化，即市场中厂商规模的离散度。——译者注）来确定各品牌在横轴上的位置。

然而，用市场份额来量化企业成就也遇到两大棘手问题。一是品牌公布的数据往往不一致，跨国企业尤其如此。二是品牌与市场关系复杂。例如美国最大天然食品零售商健康食品超市（Whole Foods）在有机食品或特色食品市场中的份额比在普通食品市场中所占的份额更大。应该选取哪个数值描述该品牌？类似的，全国性比萨连锁店本属于餐饮服务行业，但近年来比萨连锁店旺盛的成长态势俨然可划分为一个独立的范畴。我们又该如何定义这类企业？

点“赞”之笔

品牌可持续性的调查反映了很多现实。比如，在社交时代，常胜将军是存在的。而这些最知名的常胜将军反而很少打广告，因为完全没这个必要，他们用更有效的方式获得了其他企业赋予广告的任务。他们既明白对消费者冷漠的代价很昂贵，也了解公众的敌意能摧垮企业，而他们的信任则是无价之宝。

尽管就品牌可持续性地图的作用而言，横轴远不如纵轴重要，但品牌范畴归属问题容易影响受试者判断的准确度。因此我们决定通过向消费者询问以下问题来了解企业目前的受欢迎程度，再根据消费者的回答调整调查结果：

购买这类产品时，您选择这个品牌的频率有多高？或者有多少次选择这个品牌？

答案都反映在了品牌可持续性地图上。“信任度”的数值同样来自市场调查，只是过程更为复杂。通常，我们会先聘请一家外部研究公司挑选出 1 000 名年龄在 18 ～ 65 岁的、具有代表性的美国消费者。之后，我们向受试者展示一些著名品牌，并对他们朗读一段广告词或声明，要求他们选择出与这段描述更匹配的品牌，选择当然是基于他们对品牌的了解。受试者的选择决定着各个品牌信任分数。这项测试是为了确保品牌信任度最重要的三大要素（商誉、关心以及一致行）的可靠性和准确性。接着，我们使用主成分分析法（PCA，将多个变量通过线性变换以选出较少个数重要变量的一种多元统计分析方法，是预测建模中常见的一种统计方法。——译者注）计算出表示品牌信任度的数值，并在Y轴标出。

如此建成的模型不是十全十美，但确实能完整地反映品牌的市场现状。由于这个模型涉及B2B企业，我们还应该考虑可持续性发展这个问题。正如我们之前所说，少数像美孚公司这样的工业巨头，因其雄厚的资金和政治优势，即使没有领悟到拥抱社交时代的重要性也可以维持相当好的经营状况。

然而，不具备强大资金和政治优势的普通B2B企业，并不能超越这四个象限，它们必须凭借社交时代的思维才能在数字化革命浪潮中获救。我们做一个假设，假设有一家《财富》世界前10强的跨国企业，其经营业务既涵盖金融投资，又销售一些无法网上交易的工业设备和医疗设备，同时，它的经营战略是保护环境、实现环境可持续发展，但又不信奉第七代公司尊崇的易洛魁人的伟大法则，这家企业要如何维持经营？是的，我们的确是在指通用电气。通用电气能否或者是否应该适应社交时代？

答案当然是肯定的，通用电气已经在尝试了。祝它成功。

信任永续，就是利润永续

显而易见，在这个超级透明、连接超级紧密的信息世界，维持客户信任不可能只靠一条简单的Twitter消息。企业凭借一系列看上去很美的广告就能重新建立起商誉、赢得消费者信任、称霸市场的时代已经一去不复返，即使它是拥有大批潜在客户、大量投资资金以及坚实的政府扶持的工业巨头。

几十年前，通用电气因为向哈德逊河排放致癌物质而声名狼藉，但广告拯救了它。如今通用电气依然恶行不该，顶着全美十大最重要的空气污染企业之一的名头，是历年来“休配尔芬德”法（美国于1980年制定了“休配尔芬德”法，规定被污染场址的所有人都要承担相应的整治责任。——译者注）制裁企业中，影响第四大的经济实体。更别提当年的国防承包丑闻、利润膨胀以及与基德公司的内幕交易丑闻。正是迫于各方压力，当时的CEO杰克·韦尔奇（Jack Welch）才引咎辞职。

点『赞』之笔

据美国环保局估计，20世纪40年代至70年代，通用电气的工厂向哈德逊河排放致多氯联苯近589.6吨，随着时间的流逝，哈德逊河鱼类体内的这种致癌化学物质数量不断增多，并使得哈德逊河下游到纽约近320公里的区域遭受污染。在之后20年的治理过程中，通用电气累计支付清理费用达13.3亿美元。

破坏环境为通用电气带来了暴利。2010年，公司利润高达142亿美元（其中5亿美元来自美国本土）的通用电气，却没有向联邦政府缴1分钱的税。不仅如此，通用电气还借助税法漏洞，从政府拿走了32亿美元。

2008年，通用电气解雇了5 000名员工，与此同时却大幅提升高管薪酬。通用电气的劣迹罄竹难书，几乎与非法占用公共用地一样可恶。但通用电气高级副总裁兼首席营销官贝思·康斯托克认为，

“通用电气应该被原谅。我们不会试图抹除那些旧账、负面新闻以及不太和善的客户关系，但它们已经成为了历史。现在我们正努力改变，我们会承担起社会责任，并严格要求自己”。

在很多方面，通用电气确实进行了翻天覆地的革新。杰克·韦尔奇掌舵期间，通用达到鼎盛状态，市值增长了 4 000%。鼎盛状态的维持，依靠的是对高利润的不懈追求以及明智的投资组合：前者通过累计裁员 81 000 人以及迅速解雇表现不佳的经理实现，后者则是通过接连收购数个其他行业的顶级企业，并果断出售盈利能力差的子公司来完成的。

在通用的鼎盛时期，子公司 GE 资本的收益甚至达到母公司总收益的 40%。不过此一时，彼一时。虽然通用电气的融资部门迅速做出调整，但银行业危机依然让通用电气损失惨重。继任 CEO 杰弗里·伊梅尔特（Jeffrey Immelt）不得不进行改革，将融资部门并入其他业务部门。与此同时，通用电气的工业相关业务也面临生存难题。全世界能源需求的暴涨，对企业保护环境、节能减排也提出了新要求。而曾经的环境破坏者通用电气同样可以更高效地制造能源，它们拥有先进的设备，涡轮机、喷气发动机以及能源生产的其他组件。通用电气新的核心战略应运而生：与客户一起研发能“点亮”地球的能源技术。BBDO 广告公司为他们撰写的品牌口号是“梦想启动未来”。

“这既是在树立品牌形象，也是通用给客户的承诺。消费者需要的更清洁、更环保产品，通用电气都能提供。”康斯托克说，“我们必须了解客户需求，并全力满足他们，坦率地说，很多企业都没有做到这一点。兑现承诺的同时，还必须首先考虑收益的可持续性。没有经济上的持久繁荣，就不可能开创更清洁、更环保的未来。

“如果选择从商，那么关注点就应该始终放在客户关系维护上。

某种程度上，高度密切并且能够开放、诚实地讨论价值，才是与消费者建立共同价值观的开始。我们生活在同一个经济生态系统里，我们必须荣辱与共，分担问题，共享利益。”

共享利益，康斯托克抓住了信任关系的关键点。她的阐释精确无误。但如此泥足深陷的通用电气真的可以选择感性路线吗？甚至，它真的别无选择吗？康斯托克认识到，如果通用电气无法跻身品牌可持续性地图上的“可持续”象限，就无法长期经营下去。而其他诸如埃克森美孚公司的企业就不这样认为，二者拥有截然不同的运营环境。如果通用电气不是将转变运营策略作为一种公关手段，而是真真切切打算这么做，那通用电气公司可谓世界工业这个煤堆里的金丝雀了。

社交时代改变了一切，商界洗牌重组在所难免。通用电气能否成功还未可知，但在重重迷雾中有一点可以确定：**为消费者提供他们喜爱的产品，满足消费者需求，就是找到了通往光明前途的康庄大道。**

CAN'T BUY ME LIKE

第6章

不能说的营销秘密

宝洁是怎样将社交网站上的30多万“粉丝”，转化成实际消费者，最终让销量增长20%？当全天然产品成为潮流，宝洁的化学类护理品牌要如何坚守市场？当赞助的活动一再推迟，品牌要做些什么来保持观众兴趣？

社交时代，需要深挖的不是市场，而是人心。

勇气不仅是美德之一种，它还是人被考验时所展现全部美德之集合。

——克莱夫·斯特普尔斯·路易斯

（英国20世纪著名的文学家）

你大概听过“秘密”（Secret）这个品牌，它隶属宝洁旗下，在1956 年推出了首款女性止汗香体膏。过去，止汗香体膏的广告总是强调产品特性，其中最著名的广告词是：“专为女性消费者量身打造，效果足以掩去男性的体臭。”

在随后的 20 年里，这种广告逐渐被淘汰，随着科技的进步，止汗香体膏的价值超越了其原始功能。自问世以来，止汗香体膏的广告多半在描述其对人们日常生活的影响。广告中，用了“秘密”的人充满自信，他们可以毫无顾忌地做运动、穿丝质衣物、放心大胆地高举手臂、高枕无忧地过日子，完全不必为汗臭味烦恼。

将产品功效和可增强自信心这两点作为“秘密”止汗香体膏的宣传主题，是相当不错的组合。但这种组合宣传的方式也说明宝洁公司对这款产品的市场定位不够自信。

宝洁公司北美皮肤护理与个人护理品牌经理凯文·霍克曼说：“‘秘密’帮助女性化解了她们日常生活中的尴尬，让她们更加自信美丽，这一直是这款产品的宣传关键点。”然而到 2004 年末，“秘密”

的品牌管理者认为这个主题过时了。霍克曼说："我们认为走上职场的现代女性不会再为体味所困扰，但事实证明这种想法错了。"

当时护肤界开始流行纯天然产品，不少年轻女性纷纷抛下含吕盐成分的止汗剂，奔向纯天然的香体喷雾和沐浴乳。可以说，"秘密"的转型时机非常不合时宜。当"秘密"的销量停止增长时，焦急的营销人员开始愈发强调产品特性，而不再为女性的自信做担保。甚至在"秘密"广告中营造的自信氛围，也总是与羞耻感联系在一起。就连 2007 年推出的延伸产品——高效止汗剂的广告也是如此。广告中，幸福的新娘动作优雅地抬起玉臂，无拘无束地在婚礼上翩翩起舞，可怜的伴娘们却因为湿透的腋下而不敢抬手接新娘抛出的捧花。这个广告创意与 40 年前别无二致，唯一的突破是，美国广告里首次出现湿透的腋下的镜头，而观众却没有自戳双目。

转变营销思路，为客户购买力充值

到 2008 年，这款新产品确实有效提升了"秘密"的品牌形象，但不到 1 年，这种带动作用逐渐失效，因为此时美国的经济环境开始恶化，消费者的购买力减弱，无力承担新产品的高价格。但在宝洁高层看来，这却是上佳的营销时机。公司开始强调自信的作用，采取使命驱动型营销策略。宝洁全球市场营销及品牌建设官马克·普里查德（Marc Pritchard）说："我们希望宝洁旗下的每个品牌都能以特有的方式改善人们的生活，这是品牌的使命，是我们存在的意义。"

特意引用普理查德的期望，是因为他的决策不仅会得到数千万宝洁"粉丝"的拥护，对这上千万人产生影响，还会因为宝洁强大的传播力影响其他非"粉丝"人员，甚至改变整个世界。市值高达 1 750

亿美元，旗下拥有 24 个价值 10 亿以上品牌的宝洁公司是全球最大的广告商，这个庞然大物一直以来始终保持谨言慎行的做派。普里查德告诉下属：“**以使命为驱动的经营方式有助于企业创造新的销售途径，并让消费者从中受益**。以目标为导向，意味着企业要转变思维模式，从营销产品调整为服务客户。就是说，企业营销人员要从说服消费者购买产品从而创造业绩的思路，转换成为消费者提供他们所需的产品，为他们服务，改善他们的生活品质。

“**满足消费者需求的方式多种多样，不仅要生产更棒的产品，还应提供额外的服务**。企业的追随者聚集在一起，以感恩之心与慷慨支持为纽带,形成一个和睦团结又忠诚的大家庭。这是企业的无上荣耀。

“**以使命为驱动还意味要将企业的服务对象看成有需求差异的个体**。这一点貌似理所应当、无须强调，但我们处于营销产品的思维模式时，关注点往往是如何说服消费者，让他们服从我们的意愿，消费我们的产品。而把服务客户作为关注重点时，我们需要更深刻理解消费者的生活，从而提供能改善其生活品质的产品。

“**服务消费者时，我们是站在人性的视角而不是产品视角看问题**。用人性视角看世界，能洞见人类行为的本质、动机和欲望，而这些动机和欲望则由我们的产品来满足。更重要的是，这是我们大量绝妙创意的来源。”

CAN'T BUY ME LIKE

点“赞”之笔

以企业目标为导向，意味着企业要转变思维模式，从营销产品调整为服务客户。就是说，企业营销人员要从说服消费者购买产品从而创造业绩的思路，转换成为消费者提供他们所需的产品，为他们服务，改善他们的生活品质。

本书作者道格的广告公司 MEplusYOU 很少收到客户投诉。究其原因，是因为他们的企业宗旨与普里查德推崇的经营理念不谋而合，也是以客户为中心，全心全意为客户服务。而这次，作为“秘密”的广告代理商，MEplusYOU 公司面临着艰巨的任务——将普理查德所说的宗旨融合进公司的营销活动和行为中。虽然低调如哈雷摩托、健康食品超市、户外奢侈品牌巴塔哥尼亚等“非著名”品牌，也拥有一大批狂热的追随者，但不是所有品牌都能激起消费者这么大的热情。面对同样低调的“秘密”，道格的团队应该如何制定策略？是否应该试着探索“秘密”背后的秘密，从汗水里寻找灵感？这听起来似乎是喜剧片里才会出现的一幕。

然而这一幕真的出现了。我们的朋友美国导演摩根·斯普尔洛克（Morgan Spurlock）2011 年的电影《有史以来卖得最好的电影》中就描绘过这样的场景。电影里，斯普尔洛克问走珠体香剂 Ban Roll-On 的品牌管理团队：“你们会用什么词描述 Ban Roll-On 这个品牌？”众人陷入了长时间的沉默。这个问题并非刻意刁难，但 Ban Roll-On 品牌管理团队还是因此尴尬无比，而坐在电影院里的观众看到这一幕时倒是笑声不断。经过仿佛一个世纪那么漫长的沉默后，其中一位负责人答道：“与尖端技术有关。”这勉强算个答案，虽不精彩，倒也名实相副。斯普尔洛克追问道：“似乎‘尖端技术’不足以打动消费者购买它。”这话获得了一众观影人的满堂喝彩。

如果问这些观影人对“品牌宗旨”的看法，相信很多人也会认为品牌宗旨本身就荒唐可笑。当然，品牌管理团队与斯普尔洛克这番对话的戏剧张力和喜剧效果，与品牌内涵无关。大家笑，只是因为他们认为至少品牌管理者应该知道自己工作的原因，以及企业存在的意义。他们笑话的不是 Ban Roll-On 的品牌精神，而是它居然没有品牌精神。

真幸运，“秘密”有自己的品牌精神。就在斯普尔洛克这部电影上映不久前，“秘密”明确有力地表达过自己的品牌精神。“秘密”很清楚自身要拯救的是女性的生活，而不只是被汗湿的衬衫。“秘密”的项目负责团队这样阐释自己的品牌精神：

> 我们崇尚男女平等，坚信任何人都有追逐梦想的权利和自由。我们鼓励和支持女性，希望与她们并肩作战，用新颖有效的方式解决问题，让她们更加自信勇敢，为她们实现理想保驾护航。

随后，该项目负责团队又在MEplusYOU公司花费数月时间探讨如何向客户传递这种勇敢追梦的精神。事实上，MEplusYOU公司也束手无策，要知道符合营销哲学的推广方案可遇不可求。但在2009年1月，“秘密”迎来了一个契机，品牌宗旨探索工作也因此宣告结束。宝洁公司在即将举办的2010年温哥华冬奥会上投入了1 000万美元广告费进行品牌宣传，在抓住这个千载难逢的机会后，“秘密”给人们留下了深刻印象。从2012年起，宝洁连续8年成为国际奥委会全球合作伙伴。

某次总结例会上，“秘密”项目负责团队了解到宝洁公司的美容产品代言人高山滑雪冠军林赛·沃恩（Lindsey Vonn）同时还是一位跳台滑雪选手，遗憾的是冬奥会不允许女子参加跳台滑雪比赛。林赛渴望参加该项目的比赛，但奥组委摆出惯常的家长做派，不允许增加女子跳台滑雪项目。虽然不合理，但林赛无可奈何。于是，MEplusYOU会议室满当当的创意白板上，多了一条“支持宝洁最受欢迎的代言人参加跳台滑雪比赛”。

“无所畏惧”让宝洁的顾客流连忘返

支持林赛·沃恩参加跳台滑雪比赛有个大难题：在谷歌上搜索“跳台滑雪运动员”得到的结果大部分是另外一位跳台滑雪运动员林赛·范（Lindsey Van），而不是林赛·沃恩（Lindsey Vonn），但这位林赛·范并不是宝洁的代言人。

看来“秘密”品牌的运营思路很对，只是代言人不对。然而，支持女子跳台滑雪运动员参赛的点子确实有趣。广告代理商们反复斟酌白板上的这十几条营销创意，包括新添加上的这条。没过多久，宝洁在芝加哥李奥贝纳广告公司召开峰会，各大广告公司及Facebook代表纷纷出席，共同商讨现行广告项目的整合营销方案如何吸引更多用户关注、分享宝洁的产品。MEplusYOU公司的高管克里斯蒂·梅诺和莱斯利·谢弗对此次会议表现出高度重视，他们放下其他事务径直飞往芝加哥，途中他们反复探讨如何有创意地利用Facebook这样的社交平台传达“秘密”的核心价值。

机场距离李奥贝纳公司大约40分钟车程，旅途中梅诺和谢弗聊起了林赛·范，而不是宝洁的代言人林赛·沃恩，并提出女性最容易为了“支持女运动员与男运动员平等参加同一个体育项目，实现男女运动员同场竞技”这个目标而团结起来。闲谈启发了莱斯利，他知道一切问题都已经迎刃而解了。任何人都有勇敢追逐梦想的权利和自由！莱斯利自信又兴奋地冲着克里丝蒂宣布：“我想要你帮我制作一个广告牌，上面写上‘让她跳！’”

这个创意得到了MEplusYOU全体与会人员的赞同，并在热情但谨慎的“秘密”项目负责团队中高票通过。“秘密”的品牌经理杰森·达夫甚至立即签字批准了广告预算。广告制作完成后，杰森先拿回家给妻子观看，妻子感动到热泪盈眶，这一反应令杰森备受鼓舞。为了吸引更多人关注“让她跳！”这个活动，杰森投入了更多资金，付费让视频登上了几个知名博客，同时购买了 YouTube 体育频道和 Facebook 上的广告位。这一系列运作的总成本仅为 30 万美元，是制作电视广告费用的一半。此外，他们还将“秘密”外包装上的女拳击运动员换成了林赛·沃恩。

当年的冬奥会从开赛前 6 个月到结束一共发生了 3 件大事。第一，“让她跳！”视频观看人数超过 70 万。第二，“秘密”卖疯了。第三，国际奥委会在 2011 年 4 月宣布将在 2014 年索契冬奥会上增设女子跳台滑雪项目。

宝洁公司北美皮肤护理与个人护理品牌经理凯文·霍克曼说：“我们首次确信以品牌使命为导向确实能推动销量快速增长。温哥华冬奥会期间，‘秘密’旗下的 Clinical 系列产品销量增长了 85%，这是 Clinical 系列产品 10 年来的首次销量增长。2010 财年，Clinical 系列的产品总销量增长了近 20%，简直不可思议。”

事情还没有结束。2010 年夏，在美国辛辛那提市麦迪逊大街上一家叫做 Boca 的餐厅推出体验式服务，这引起了凯文·霍克曼的关注。Boca 餐厅的工作人员被要求以“让客户流连忘返”为原则，竭力为客人提供难忘的用餐体验。这个原则一直贯彻到今天。下面是从 Yelp 网站上摘抄下来的评价：

> 如果评价的最高等级不是 5 颗星，而是 10 颗星的话，我绝对会给 Boca 打 10 颗星！昨晚在 Boca 的晚餐经历是我有生以来最棒的一次。我们去过世界各地许多有名的餐厅，但 Boca 是最棒的。

霍克曼认为“让客户流连忘返”的目的不难达成，关键就在于员工不要把客户关系视为简单的交易关系，交易的目的不只是让客户用合适的价格买到可接受的产品或服务，而是一个与客户沟通，进而为其提供全方位服务的过程。

点『赞』之笔

让客户流连忘返的关键在于，员工不要把客户关系视为简单的交易关系，交易的目的不只是让客户用合适的价格买到可接受的产品或服务，而是一个与客户沟通，进而为其提供全方位服务的过程。

对于早已全身心地接纳了社交时代的MEplusYOU公司，霍克曼的观点一点儿都不陌生。MEplusYOU公司的战略副总裁马特·惠特克由这个观点发散出数个创意点，并将其整合成完整的提案幻灯片。与此同时，在辛辛那提，“秘密”品牌副经理马修·霍伦坎普得到一条惊人的消息：奥运会奖牌获得者、60岁高龄的游泳女将戴安娜·纳亚德（Diana Nyad）计划进行一次从古巴首都哈瓦那到美国佛罗里达群岛的长泳，全程165.76公里。他们马上与纳亚德联系，提出希望赞助此次活动。由于，“秘密”的重点包装形象就是“无所畏惧的女性”，而且旗下的Clinical系列产品线正好推出一款新型防水止汗剂，尤其适合游泳者使用。双方一拍即合。

赞助流程并不复杂，只需要与其经纪人协商赞助费，创建一个Facebook专用账户，在纳亚德的服饰和装备上、参与活动的船只和皮艇上贴上显眼的品牌标识就好。

“秘密”品牌管理团队必须在一周内完成所有准备工作，因为纳亚德预计7天后正式横渡。第一天还没结束，广告公司就赶到纳亚德位于加利福尼亚的家中拍摄了 3 条宣传短片。其他事项也在紧锣密鼓地推进。“秘密”品牌对外的宣传主题是：这次活动旨在打破自然条件、年龄以及体能的限制，为女性健身树立榜样。

然而，由于天气和签证问题，活动一再延期。6 周之后到了飓风季节,纳亚德被迫将这历史性的壮举推迟到来年。对于“秘密”来说，这算是塞翁失马。此次延期给了广告公司一个发酵事件的机会，他们有了足够的时间发布广告，好让全世界都留意到此事。

活动无论成败，只要感情实在

纳亚德的横渡事件果然引起了全世界的关注。在更充裕的时间里，代理广告公司将纳亚德讲解横渡计划的视频上传到活动官网，收到了支持者潮水般的祝福和鼓励。接下来的 1 年里，活动进度受到了外界的持续关注。2011 年 8 月 7 日，在风力、水温各种条件都很理想的情况下，在媒体、医务人员组成的 30 人小型船队的护送下，纳亚德终于从古巴首都哈瓦那的海明威码头出发，目标亚特兰大，开启这段即将失败的征程。

启程不到 3 个小时，纳亚德的肩膀意外受伤。她忍受疼痛继续在汹涌波涛中前进，却被海水冲到偏离既定路线几公里外的海域。开路的救援船队虽然安装了电子防鲨设备，可惜对盒水母束手无策。这种沙拉碗大小的水母长着 60 根左右 15 英尺长的触角，每根触角有足够杀死 50 个人的毒素。在盒水母的多次攻击下，纳亚德呼吸系统受损，继而哮喘发作。在继续坚持了 29 小时后，纳亚德在呼吸十分困难的情况下被迫放弃。尽管从启程开始，纳亚德就遇到了诸多阻挠，但她依然坚持了近一半的里程。

在上岸后接受媒体采访时，纳亚德告诉记者："一个人，必须热爱生活，而且将这种热爱充分表现出来。唯有这样，才能在结束这一天时心生自豪，安然入睡。"

毫无疑问，纳亚德非常热爱生活。又过了不到7周，这位62岁的女将决定卷土重来。这一次，她在40个小时里游了78.85公里。期间，她与梭子鱼和鲨鱼周旋，最终被一只蓝瓶僧帽水母蜇伤，差点引发过敏性休克。

2012年8月纳亚德开始了第3次挑战，又因为相同的原因中途放弃。没有征服佛罗里达海峡的纳亚德，却征服了上百万人，赢得了他们的尊敬。其中有不少人都是通过"秘密"的Facebook主页关注活动的最新动态，虽然与本次活动宣扬的崇高精神相比，这不免有些世俗，但事实是，早在纳亚德下水前，"秘密"旗下最昂贵的产品Secret Clinical Strength Waterproof的销量就已经翻倍，销量猛增的部分原因是品牌识别度的大幅提高，以及名人代言。但在没有庞大广告支出的情况下实现销量翻倍，不得不说这是一个奇迹。

纳亚德横渡佛罗里达海峡的壮举激起了消费者的"结盟"心理：**她们感动于纳亚德锲而不舍的精神，进而希望与支持该信仰的品牌形成连接，结成联盟。**他们同时察觉到"秘密"赞助这次活动的真实动机与以往那些唯利是图的一次性推广之间是有差别的，所以决定用自己的方式支持那个与大自然搏斗的勇士。

为洗清我们过于贬低"一次性"推广的嫌疑，我们必须强调"让她跳！"以及支持戴安娜·纳亚德横渡这两项活动也存在时间限制。

总体而言，这类活动对赞助商来说是个机会：要么风光无限，要么千夫所指。这完全取决于赞助商的动机和表现，其实动机是否纯良并不难分辨，市场营销人员只要扪心自问以下问题：

- 营销的核心主题是否精准锁定了目标受众的深沉需求？
- 营销材料是否卑劣地利用了目标受众的感情？
- 品牌与活动当事人之间是赤裸裸的交易关系还是有其他更纯粹的关系？
- 一切行为是否符合品牌提倡的宗旨？

对于以上问题，“秘密”都给出了积极的答案。纳亚德横渡海峡不是虚假的特技，也不是在消费公众感情博同情，“秘密”赞助纳亚德是因为她将“无所畏惧，勇敢追梦”的品牌宗旨诠释得淋漓尽致。总之，这是一个品牌与消费者完美互动的典范。

巧借媒体东风：让营销影响无限膨胀

机会随处可见，只是有些企业没有抓住。任何品牌都想及早俘虏用户的心，并确保他们一辈子忠于品牌。同样的，“秘密”如果能成功赢得女性消费者的青睐，长久获利轻而易举。在营销渠道多种多样的今天，线上广告、线下活动以及移动互联都在帮助品牌征服消费者。“秘密”并不特别，它也跟其他品牌一样，利用一切合适的渠道吸引潜在客户，但“秘密”与其他品牌不同之处在于，它有自己的法宝，也就是“无所畏惧勇敢追梦”的品牌形象。正如前文所述，这个宗旨引导着品牌的每项行动。在针对年轻女性消费者的营销活动中，运营团队把关注点放在了“年轻女孩最惧怕什么”上，最后得出的答案是：她们惧怕同龄人不友善的眼光。社交焦虑与校园欺凌的恶性循环，让处于青春期的孩子们备受煎熬。

在“秘密”启动新的营销项目的一年前，李奥贝纳广告公司已经对青少年欺凌问题提起了重视。“让她跳！”以及支持戴安娜·纳奈德横渡这两个案例已经清楚证明了坚持品牌核心目标、以品牌宗旨为驱动的威力。

万事俱备，“秘密”的品牌管理者果断启动了“欺凌他人是恶行”的活动。这个项目旨在教导孩子们心地善良、谦和有礼、相互鼓励、彼此支持，不要做伤害、欺凌他们的野蛮人。相关 Facebook 页面一经创建，很快便成了青少年化解冲突和宣泄焦虑的避风港。

点“赞”之笔

在社交时代，企业最好不要要求消费者跟着自己的思路，因为消费者不会关注企业怎么想，他们有自己的思考方式。正确的做法是，企业坚持自己思考方式的同时主动关注消费者的想法，尽力找出两者的相通之处，并逐步扩大双方的交集。交集扩大的过程，正是企业获得消费者的欣赏与认同的过程。

2011 年 1 月，宝洁创建了“欺凌他人是恶行”的 Facebook 账号，并在 Facebook 上投放广告，呼吁青少年向欺负过的同学道歉。经历过如小说《蝇王》里的青少年欺凌事件的人，或许会认为宝洁这次的手法滑稽可笑，但事实并非如此。“欺凌他人是恶行”活动推行的短短数周内，就有 7.5 万名年轻人向对方道歉或寄送和解示好的卡片。在 Facebook 广告的推动下，仅仅 2011 年 2 月 10 日一天，“欺凌他人是恶行”和“秘密”的主页就增加了 20.3 万名新“粉丝”。最终，活动收到 33.9 万条评论和视频，得到了 130 万人的关注。

看到这些数据，那些习惯挥金如土、购买“粉丝”的公司或许在大吃一惊之余，也会为他过去浪费的巨款惋惜。这 33.9 万“粉丝”

不是偶然看到“秘密”的广告之后就将其抛向脑后的无聊网友，他们是在知道“欺凌他人是恶行”活动后，踊跃加入的热情参与者，他们积极声援着“秘密”。随着时间的推移，在他们的口耳相传中，“秘密”的“粉丝”数量呈指数态势增长。在这 33.9 万名“粉丝”身上，不存在或许会记住广告、或许会喜欢广告、或许会相信广告，以及或许会关心广告的情况，他们对“秘密”的广告传递的信息抱持着积极而坚定的信任。

霍克曼说：“发起‘欺凌他人是恶行’活动的那个财年，‘秘密’创造的收入占集团总收入的比例提高了 8%。‘欺凌他人是恶行’活动涉及的产品，销量较去年增长了 20%。活动发起以来，‘秘密’Facebook 页面的“粉丝”参与度增加了 24 倍，近半数的“粉丝”定期访问我们的主页。”

“欺凌他人是恶行”活动是如此成功，甚至成了 Facebook 首次公开募股中证明自身营销有效性的经典案例，这使得 Facebook 的 IPO 估值达到 1 000 亿美元（这个估值后来减少了一半，因为 Facebook 没能像外界预期的那样成为广告介质）。

当时，李奥贝纳广告公司和 MEplusYOU 公司深受鼓舞，因为媒体报道开始将本次活动定义为一项运动，但道格不喜欢“运动”这个词。因为“运动”往往暗含时间上的有效性，而且给人武力征服的感觉，广告公司和宝洁公司的本意并非如此。我们更愿意把这次活动称之为“点火器”，它点燃了人们心底的那盏灯，让志趣相投的人聚集在一起，为共同的目标努力拼搏。很久以后，当一般意义上的运动已经宣告结束时，“秘密”的 Facebook 账号依然生机勃勃，持续有新“粉丝”关注。

“‘秘密’团队现在的运作方式与三年前有天壤之别。”霍克曼说，

“当品牌宗旨与员工价值观一致时，员工会将品牌视为生活的一部分，他们工作会更有动力和激情，也会更有创造力和想象力。”

“灵感来自汗水”这个说法并不准确，但融入企业核心目标的广告活动一定比强推不知名产品的广告效果更显著。聊到团队的工作热情时，霍克曼滔滔不绝，这让我想起短篇小说《小王子》中的名言：“如果你想要造一艘船，先不要雇人去收集木头，也不要分配任务，而是去激发他们对浩瀚海洋的渴望。”

CAN'T BUY ME LIKE

第7章

“一个‘赞’值几个钱”是个伪命题

为什么一段双胞胎婴儿吃饭的生活片段能吸引百万网友观看？为什么小男孩向妈妈告状的短片能获得5亿点击量？是什么点燃了可口可乐“粉丝”的热情，让他们甘愿花费数小时制作品牌宣传视频？

过去，品牌最大的荣耀是得到消费者的忠诚，今天，被“点赞”才是营销最高境界！

判断这个宇宙友好与否，是绝大多数人这辈子最需要明确的重要观点之一。

——阿尔伯特·爱因斯坦（物理学家）

2011年5月，以色列夫妇利奥尔·阿德勒和法蒂·阿德勒的女儿出生。跟现下大多数年轻夫妇一样，他们通过Facebook向亲友公布了这条喜讯。邮寄卡片宣告新成员的加入或许能收到更多宝宝衣物及小玩具，但如果纯粹是希望亲朋好友尽早得知消息，Facebook绝对是不二选择，而且你会马上收到大家的祝福。好友数量不过一百零几人的阿德勒，很快得到40个“赞”。确切地说，是41个，因为他们的新生儿也被取名为“赞”（Like）。

用户以“赞”为名，可谓Facebook点赞功能最高的荣耀。

阿德勒一家确实很喜欢Facebook“点赞”按钮，所以他们愿意将“点赞”精神带回现实世界。接受《晚祷报》（*Maariv*）记者采访时，妈妈法蒂说：“我们给女儿取名为‘赞’，是因为这个词不仅极具现代感而且创意十足。我查过了，本国还没有人叫‘赞’，这也是我选择这个名字的主要原因。”

众人对此举的反应有些两极化：有人会心一笑，有人认为用一个动词作为孩子的名字很荒谬。虽然Facebook规定婴儿不具备创建个人主页的条件，但一个名为“赞·阿德勒”(Like Adler) 的社区还是出现了，甚至吸引了 5 858 个“粉丝”关注。姑且不论给小孩取这么标新立异的名字是否合适（这对夫妻给另外一个女儿取名叫“派”），也暂且不提犹太人用过世亲属名字给新生儿取名的传统是否得当，现在的问题是：我们是否应该相信这个设计简单、出现不过 3 年的“点赞”按钮已经巧妙地融入现代文化之中了？

答案显而易见。美国一家名为 Exact Target 的电邮营销公司 2012 年发布的白皮书表明，93% 的 Facebook 普通用户每个月至少“点赞”一次。即便“普通用户”的定义尚不清晰，这也说明近 10 亿人都在做直至 3 年前还从未有人做过的事。他们喜欢 Facebook 上的内容，例如留言板上评论、亲友发布的状态，以及来自全球各地的信息。像从《赫芬顿邮报》(*Huffington Post*) 转载的文章,《男子在法拍屋内身亡，四年后才被发现》不到 24 小时就获得 1 039 个“赞”。然而，这种程度的关注与可口可乐“粉丝”们的热情相比，不过是小巫见大巫。

尽管可口可乐对人体没有好处，但它依然是世界上最知名、最受欢迎的饮品。可口可乐的首个 Facebook 主页创建于 2008 年。实际上，它的创建人并非可口可乐内部人士，而是两个可口可乐的狂热崇拜者，加州的迈克尔·杰德热哲斯基和达斯提·索格。他们自愿创建了那个页面，因为可口可乐原来的那个主页太业余、太没水准，不足以成为可口可乐这个“偶像级品牌”的门面。杰德热哲斯基说：“对我们而言，可口可乐不仅仅是消费品，它已经渗透到了我们的潜意识里。几乎地球上每一个人都爱它。”

他们设计了一张非常漂亮的可乐瓶图片作为可口可乐的主页标志，根据维基百科上的企业发展史资料编辑了主页简介。杰德热哲斯基说：“2008 年 9 月，页面正式上线，大约 3 个星期之后，主页‘粉丝’

达到 70 万人。""粉丝"们上传更新了很多内容，包括与可乐有关的歌曲、视频、照片、诗歌等，内容丰富，形式多样。一个名叫约翰·格里芬的作曲家留言说他非常喜欢可口可乐，所以为它写了几句歌词。其中有一段是这样的：

> 你想喝可乐了吗？是它在召唤你。
>
> 赶快拿起电话订购吧，感谢你对可乐的爱。

"赶快拿起电话订购吧"虽然不能算是传统意义上的歌词，但这就是"粉丝"对可乐的爱。页面创建 4 年来，可口可乐的"粉丝"们上传的内容不计其数。其中，杰德热哲斯基最喜欢的是 2009 年 5 月上传的一段跑酷视频，视频里的主角是两个多米尼加共和国圣地牙哥市的美国侨民。视频一开始，这两个初中生口渴难耐，于是他们决定去买可乐。在接下来长达 5 分钟的镜头里，两个小伙子灵活攀越、飞檐走壁，甚至穿越丛林，最终拿到一瓶渴望已久的可乐。回家后，他们累得瘫坐在椅子上，一口气喝掉整瓶可乐。然后他们发现一整瓶不足以消除他们的干渴。于是，他们再次出发了。

没错，即便摔断脖子也要喝可乐。杰德热哲斯基和索格认为自己对可乐如此热衷是因为他们与可乐心灵相通。杰德热哲斯基说："打理可口可乐的 Facebook 主页并不麻烦。我们创建了它，然后它就那么繁盛起来了。"

可口可乐的"粉丝"经济学

打理可口可乐的 Facebook 主页或许简单，但主页所属权问题则比较复杂。为避免品牌受第三方恶意攻击，Facebook 于 2010 年更改服务协议，要求公司自主管理品牌主页、对品牌的网络形象负责，因而可口可乐要接手管理它的上百万“粉丝”。可口可乐公司保持了账户原先的风格，积极与“粉丝”们互动，例如组织可口可乐的拥趸为品牌写歌，雇佣之前默默奉献的编剧和演员。不到 5 年时间，可口可乐在 Facebook 上的“粉丝”数量达到了 4 500 万。这 4 500 万“粉丝”并非毫无联系的乌合之众，他们共同组成了一个“乌托邦”。要播放一次性覆盖 4 500 万名观众的电视广告大约需要 100 万美元，而 Facebook 主页上，可口可乐能够全年全天候与观众互动，成本几乎可以忽略不计。

可口可乐全球互动营销总监迈克尔·唐纳利（Michael Donnelly）告诉我们：“我们开始把 Facebook 视为全新的媒体渠道。从媒体渠道的评价角度上看，这个新渠道非常有价值。”然而，可口可乐很少利用这个新渠道向“粉丝”传播类似广告的信息，尽管他们对品牌十分着迷且接受度很高。“我们的重点是观察并分析大家一开始被品牌吸引的原因，”唐纳利说，“而不是给他们播放广告。这样我们就会从绝大多数品牌中脱颖而出。我们无时无刻不在感谢大家对品牌的喜爱，并鼓励他们表达这种喜爱。”表达喜爱的方式分两种。一种是完全借助虚拟桥梁，例如歌曲、视频、篇幅不一的语录等。一种是在 Facebook 主页上的留言。正如你会评论好友的自制视频一样，可口可乐的“粉丝”也会经常参与品牌发起的讨论。

“当我们在 Facebook 主页提问‘你们最希望和哪个名人分享一瓶可乐？’时，经常能收到过万条回复和上万个赞。而且 90% 的“粉丝”都是在我们更新后一小时内予以回复。”类似的还有可口可乐“快乐贩卖机”的故事。

案例分享 CAN'T BUY ME LIKE

可口可乐：贩卖快乐比贩卖可乐更赚钱

纽约长岛的圣约翰大学新建的密室中，可口可乐公司员工靠墙放置了一台自动贩卖机。当学生往贩卖机里投币买1瓶可乐时，偶尔会掉出来2瓶，甚至16瓶。有时候掉出来的是一束鲜花，有时候是一块意大利腊香肠比萨，有时是一个16英寸长的潜水艇模型。这些都是藏在墙后的可口可乐公司员工“蓄谋已久”的安排，对于只想买瓶可乐的学生来说，这是个巨大的惊喜。

公司还安排了一台摄像机记录下学生们的吃惊的表情，并在添加字幕后将视频上传到Youtube上。2011年1月1日，可口可乐公司在Facebook主页上发布了这段视频。一年后，这段视频收获了1.5万个“赞”，点击率达到了400万。

虽然可口可乐公司仍要在世界各地投放广告，不会终止付费购买关注度的做法，但唐纳利说：“我们的目标是在消费者心目中形成高于平均水平的印象，得到更高的消费者参与度。

“因此，我们非常留意在什么情况下消费者会喜欢上一个品牌，什么情况下他们才会上传一张照片或制作上传一段视频，然后据此为消费者创造参与互动的条件和动力，激励更多消费者通过实际行动来支持可口可乐。”

在可口可乐Facebook上成千上万条支持评论中，印度尼西亚人呐喊道：“每个国家的人民都知道自己想喝什么，那就是可口可乐！”中国消费者希望立刻引进500毫升装和2升装的健怡可乐；来自英国消费者的简笔画上，已过世的某国家领导人用拳头砸烂了一个健怡可口可乐的罐子。

“每天我都为‘粉丝’们的忠诚度感到惊讶。”唐纳利说，“他们对品牌难以置信的热情与忠诚，驱使着他们制作出精彩的视频来讲述自己与品牌的故事。打动我的不仅仅是他们这种不辞劳苦的奉献精神，还有他们的分享精神。因为他们的作品不仅上传到可口可乐的页面，还会更新到个人主页上。这等于是在跟整个网络社区的用户一起分享。”

CAN'T BUY ME LIKE

点『赞』之笔

品牌最初只是一个符号（LOGO），或者说一种艺术表现，但是随着市场竞争的激烈化，品牌需要得到科学的管理才能生存下来。而品牌竞争力的评价标准则包括市场份额、品牌成长指数、消费者的品牌忠诚度以及偏好度，每一项指标都掌握在消费者手中，也就是说消费者才对品牌用有最终发言权。

可口可乐公司比其他公司更明白客户这么做的原因。公司的营销年鉴表明，早在社交平台出现之前，**他们就发现消费者通常会认为自己对某个品牌有所有权。**

1985 年，可口可乐公司单方面决定更改产品配方时，这个真理得到了印证。当年，为了应对百事可乐的市场进攻，可口可乐管理层决定微调之前的秘制配方 Merchandise 7X，推出口味更甜一些的可乐。可口可乐公司在各个国家和地区的市场调查显示，在不标明两种可乐身份的情况下，消费者明显更偏爱新配方。不幸的是，问卷调查中他们设置了错误的问题。他们问：“你喜欢哪一杯可乐？ A 杯还是 B 杯？”

而不是“你们是否愿意喝口感更好的可口可乐”？错误的问题得到的答案是一面倒的：“我们都不要！”消费者抓狂了，可口可乐公司遭遇到营销史上最激烈的抵制。

据可口可乐的首席营销总监乔伊·特里波蒂（Joe Tripodi）所言，公司内部需要进一步强化“品牌实际上属于消费者”的概念。2006 年，一个叫 EeepyBird 的团体在 YouTube 网站上传了一段视频，向网友展示将 4 片曼妥思薄荷糖放进一瓶 2 升装健怡可口可乐里会瞬间产生大量气体，打造出一瓶“沸腾可乐”，点击量超过 1 500 万，这是早期的病毒营销视频之一。“这段视频在网上传疯了。”特里波迪向我们抱怨：“他们怎么能那样对待可口可乐？”但随后他意识到，“好吧，只要消费者高兴就好。拥有可口可乐这个品牌的不再是公司而是消费大众，是他们定义、打造了我们的品牌”。特里波迪的意识转变，也代表着可口可乐公司对待现下的新社交平台的策略。

特里波迪说：“我过去认为，消费者对品牌的态度分为四个阶段：从知道这个品牌到在意这个品牌，再到偏爱它，最终对它忠诚、只爱它一个。

“这四个阶段中，得到消费者的忠诚，是品牌最大的荣耀。现在我意识到，让消费者成为品牌的拥趸，才是我们最想要的未来。”

从某个重要的方面来讲，这也是 Facebook 上的互动比电视广告更令人印象深刻的原因。消费者的参与意愿就是他们的活跃程度，其中还暗含一种积极情绪，这种情绪远比“让生活更美好”的承诺真实可信，而且无须投入巨额费用。当然了，这不是说要企业强行闯入消费者的私人空间来唤起消他们的参与意愿。

相反，喜爱这个品牌的人会主动搜寻你。事实上，面对广受欢迎的品牌或《赫芬顿邮报》上的一段精彩的新闻，再忙碌的人也会轻移鼠标，轻点一“赞”。那么当品牌、媒体以及其他机构纷纷收集“点赞”数量，将其作为衡量标准时，“点赞”到底意味着什么呢？

“点赞”心理大起底：我们是同类

“‘点赞’意味着什么？”要回答这个问题需要先解开几个谜题：

- 为什么人们愿意分享自己喜爱的饮料品牌、最喜爱的书籍、电影、餐厅以及其他的艺术品，甚至新生儿？
- 为什么我们喜欢品牌标志显眼的物品，比如爱马仕的包，耐克的T恤？
- 为什么我们要在个人主页上列明最喜爱的电影、书籍以及电视剧？
- 为什么我们喜欢用摇滚歌手的照片或者名画的复制品装饰房间？
- 为什么要用车尾贴来表明我们的政治立场、喜爱的网站？
- 为什么要在后挡风玻璃上贴上毕业高校的校徽？
- 为什么大家都偏爱“888”和“666”等吉利数字的车牌号？

这就是社会学家所说的“贴标签”或“自我展示”。人们运用这种方式来外化自己优良品质，让外界更好地了解自己。诚如伦敦大学教授西莉亚·卢瑞（Celia Lury）在1996年的著作《消费者文化》（*Consumer Culture*）中所言：“以其他事物为媒介是人们与他人建立社会联系的最重要方式之一。”海尔格·迪特马尔和露西·佩珀这两位学者称这种自我展示是“身份的有形象征”。他们认为，我们的行为代表着我们的身份，我们购买的物品、信任的朋友、崇尚的理念能够影射出我们的本性与特质，甚至决定着我们是谁。最尖锐的批评家认为，这种自我展示行为容易导致人们对有限资源的肆意消费。维基百科上说，将人们简单地等同于自己的行为贬低了人类的品性，甚至这背后隐藏的物质主义最终会造成一种道德真空。

CAN'T BUY ME LIKE

点『赞』之笔

人们都倾向于选择标志性的信号作为判断身份的直接依据，如果你知道一场即将上映的电影的所有信息，无疑会令你看起来消息灵通且富有涵养。类似的，消费者愿意与他人分享的品牌必然要具备优良的品质，这样才能让人们保持对自己的良好印象。

盲目占有的危险和害处不胜枚举，但这不是说人性的自我展示就很惹人嫌。首先，不应该否定人类天性。其次，贴标签简便有效。任何一个曾经相过亲的人会告诉你，对方的书架、CD 架、室内装修风格能补充很多介绍人遗漏的信息。人际关系通常建立在彼此的共性之上，嘻哈说唱歌手 Vanilla Ice 的精选集可能毁掉一场约会，也可能是建立好感的开始。适用于客厅的道理同样适用于网络，对方个人主页上的信息比书架详尽数百万倍，而且全年开放。

互联网诞生之初，学术界就意识到虚拟世界会涉及线上自我展示的问题。当 Facebook 创始人马克·扎克伯格还在哈佛大学读一年级的时候，亚利桑那大学的霍普·J. 肖教授以及加利福尼亚大学欧文分校的玛丽·C. 吉利教授就联合发表过一篇名为《上传内容是否能反映真实自我》的论文，文中他们大胆预测：**“虚拟世界与现实世界一样，个体用标签来向他人描述自己是什么，不是什么。不同的是，在现实**

世界里，切实拥有某物之后才能得到标签，网络世界则给了我们更大的假设空间。”

例如，消费者有可能认为古驰（Gucci）这个品牌最能彰显自己的品味与个性，然而如果现实中不能成功拥有古驰的话，就会阻碍他对自我的充分表达。但在虚拟的网络世界，建立消费者与品牌的联系仅需要加以想象力并点几下鼠标就好了。在这里，人们可以与任何品牌建立连接。有趣的是，在某种程度上，人们自我表达的方式也反映了他们的实际情况。

此外，你再也不需要希尔德加德姨妈帮忙介绍约会对象了。

在网络世界，信息接收人远远不止信息发送者身边的朋友，准确地说，全世界都在信息传达范围之内。这就意味着只要人们愿意，他们就完全可以通过研究他人的标签来窥视到对方心中的自我。

“点赞”一方面是人们在表达自我，另一方面是因为人类天生热爱分享。热爱分享的天性由来已久，在原始社会，家族及组织只有互助分享才能幸存下来。但是互联网上的分享并不是传统意义上的相互支持，得克萨斯大学心理学教授塞缪尔·D. 戈斯林（Samuel D. Gosling）指出，“点赞”的目的除了分享，更重要的是在秀分享。

“‘点赞’提供了大量并行信息。”戈斯林说，“灵长类动物喜欢为彼此梳理毛发，而且频率远高于健康需要。它们在大庭广众之下为对方整理仪容是想说明‘我们的关系很亲密，其他人也都看到我们关系亲密，所以我们是好朋友。’”

戈斯林说：“人类证明彼此关系的方式是留意并评价朋友外形上的变化以及新添置的物品。当一群人聚到一起，他们通常会相互评价或恭维。例如，‘哦，我好喜欢你的鞋子！’或者是‘哦，你的新发型真漂亮！’表面上看，他们是在谈论新鞋、新发型或者昨晚的球赛，而事实完全不是那么回事，这不过是一种维持并巩固彼此关系的社交行为。'点赞'按钮就是为这种行为量身订制的。

"人们的谈话内容并不重要。重要的是谈话背后的意义：'嘿，我喜欢你，你也喜欢我，我们是好朋友了。所以万一遇到困难，我们要彼此信任。'我认为，用'点赞'来维持社会关系，跟黑猩猩为彼此抓虱子来展示亲密关系异曲同工。"

戈斯林还表示，虽然社会关系的纽带正在弱化，维持关系的收益也在降低，但"点赞"是一种肯定，能够相互慰藉。"这只是在用一种常见的、温柔的方式说，'嘿，我一直在关心你。'虽然这种'关心'时隐时现，但是我们属于同一个团体，要彼此扶持，团结一致。"你转载某篇文章，我给你点个"赞"，因为我也留意到那条新闻了。

人类心理的力量强大无比。假设人类不需要新的展示人性的方式就能保持其社会性，那么谁将从中获利？毋庸置疑，最直接、最大的受益者将是社交网站。发明"点赞"按钮之前，Facebook 的推荐功能相对有限，仅有的"加关注"功能需要投入更多情感和承诺，在调动用户互动性上稍显弱势。设计"点赞"按钮旨在降低用户相互赞美、认可的难度，提高用户的活跃度。事实证明这很奏效。

零成本也能提高客户参与度

2012 年，营销咨询公司 Exact Target 发布了白皮书《"点赞"的含义》（*The Meaning of Like*）。白皮书中，Exact Target 公司营销副总裁杰弗里·罗尔斯说："Facebook 会说设计'点赞'按钮是为了增加用户之间的联系，他们乐于放大用户希望放大的情绪，但实际上这一举动的商业目的是在成千上万个网站、博客、商业网站上普及'点赞’按钮，使‘点赞’成为约定俗成的举动。如今所有网站都在免费践行 Facebook 的计划，促成网络交互。浏览零售业巨头公司的网站你会发现，在 5 年前，你想买的那条裤子旁边并没有‘点赞‘按钮，而如今分享一下不过举手之劳。Facebook 没有支付任何费用就扩张了人际网，提高了网站的可见度，推动了社交网络的发展。”

通常，“点赞”人数是加关注人数的两倍。这意味着 Facebook 收集到了大量用户数据，而这些表明用户喜好的数据正是广告商们梦寐以求的。市场研究机构 eMarketer 公司 2011 年的报告显示，Facebook 页面展现占互联网展现页面总量的 14%；2012 年，这一数值上升为 20%；而在 2010 年“点赞“按钮的创建之前，Facebook 的页面展示占比仅为 2%。

点『赞』之笔

在互联网时代背景下，从产品的研发到营销，企业应该让消费者参与到每一个环节中来，这样不仅可以及时听取消费者的优化建议，还可以让消费者产生“主人”的感觉。通过对产品、品牌的“让权”，企业更容易获得消费者的认同，进而在竞争中抢占先机。

曾经的对冲基金经理、现在的畅销书作家安迪·凯斯勒称，“点赞”按钮是过去几十年里，技术领域最有价值的发明之一。“点赞”按钮收集到的元数据（Metedata）不仅包含人口统计资料和公众喜好，还包括摸清消费者情绪和意图的重要线索。凯斯勒坚信“点赞”按钮是一个“情感传感器”，它将促成广告的涅槃重生，因为“精准击中消费者的个人诉求，专属于某一人的广告，才是广告的最高境界”。

2012 年，成绩斐然的 Facebook 进行首次公开募股，其潜在广告平台的身份广受关注，可惜结果并不理想。外界对 Facebook 广告能力的质疑，导致其上市后几周内股价暴跌。通用电气取消在 Facebook 上投放 1 000 亿美元的广告计划，更是一记沉重的打击。

然而，即便 Facebook 无法针对受众进行精准广告推广，迅速普及的"点赞"功能也为市场营销人员带来了福音。消费者每"赞"一次，就相当于在社交圈展示一次品牌，更棒的是"点赞"功能几乎不需要任何成本。反复被"赞"、反复出现，必然会强化品牌在消费者心目中的印象，甚至有可能形成品牌"粉丝"群。

难怪消费者参与意愿度在社交时代备受关注。用各品牌 Facebook 主页上的获"赞"数量来衡量消费者品牌建设参与意愿，即使不是最理想的方式，也是一种很合理的方式。**"点赞"行为无处不在，而且完全是公众的自发行为，这至少代表了他们对品牌最低限度的热爱。对许多用户而言，"点赞"等同于默许双方关系可以更进一步。**套用欧柏林大学提倡的约会法则，"点赞"的意思即是说："好吧，你可以吻我了。"只是，正如 ExactTarget 公司营销副总裁罗尔斯所说，目前点赞代表的许可程度尚不明确。

雷池不可越：营销也要矜持

罗尔斯还称："问卷调查中，我们询问受试者在一家公司的 Facebook 主页上'点赞'，是否表明默许该公司通过 Facebook 的推销行为，得到的数据相当有说服力。我们以为大多数人会给出肯定的答案。但实际上，46% 的人认为这'取决于营销内容，可偶尔为之。'但高达 39% 的人明确表示'"点赞"并非同意该品牌向我营销'。真是出乎意料的分歧。近半数'点赞党'反对将'点赞'行为应用到市场营销中。”或许对方对你有好感，但这种好感相当微弱，十分勉强。

Facebook 内部通行一种 EdgeRank 算法，用来分拣用户反馈，它令问题更加复杂。急诊室的惯例是优先救治受枪伤或心脏病发作的病患，稍后再处理手臂受伤或慢性支气管炎发作的病人。同样的，Facebook 上也有类似的轻重缓急之分。用户的好友或点过“赞”的品牌发布的最新消息，不会第一时间出现在个人主页或时间轴的最顶端，与用户互动最频繁的好友或品牌才享有这样的优先权。

比如，就算你与泰德在高中时一起上西班牙语课，同属于 3 个社团的成员，直至 4 年前还亲密无间，但如果你们自 2010 年就甚少联系，泰德发布的内容就很有可能垫底显示，甚至完全不会出现在你的页面上，而次级优先显示的是内容更丰富的消息。因此“点赞”的价值低于评论，评论的价值低于 YouTube 视频，最近互动不频繁的品牌没有资格出现在推荐栏，即使可口可乐向 4 500 万名“粉丝”发起号召，也并非人人都会看到此信息。

点『赞』之笔

调查发现，Facebook 的用户数持续增加，复合年增长率为 22%，成员数已经突破 6 亿。其中，超过 57% 的用户每天都会登录 Facebook，37% 的用户在 Facebook 上玩游戏。另外，增长最快的是 55 岁以上的人群。另外，调查发现，超过 50% 的用户会为某一品牌点赞，3 个月，Facebook 上 5 个最大品牌的“粉丝”数量平均增长率超过 66%。

的确，Facebook 对消费者参与意愿度的粒度分析（Granular Analytics）很公正，即凭借年龄、性别、地理位置、语言以及影响范围和强度对“点赞党”进行分类。据此，企业能获悉营销活动的效果(“点赞”人数 ×“点赞”人的亲友数)。通过“热门话题”标签，企业可以统计出“点赞党”参与更新状态的数量及其朋友的参与程度。“点赞党”还倾向于追踪信息的来源，除了为品牌更新的信息点赞，他们还会进入品牌 Facebook 官方页面，浏览 Facebook 以外的网站，以及各种推荐广告等。此外，还必须考虑到病毒传播，品牌更新的状态引发的“粉丝”参与可能带来“粉丝”周边朋友对品牌的二次关注，但一般引发二次关注的几率非常小。

南澳洲大学营销学院研究中心的工作人员对 Facebook 上各企业获“赞”数量进行了统计，选定的统计时间为 2011 年末的连续 6 周，最终选出此时间段内成为“热门话题”的约 200 家企业。结果他们发现即便将一句话的简短评论也计算在内，只有 0.51% 的“点赞党”会发布与品牌有关的“状态”。就连诸如哈雷摩托、福特野马汽车、路易·威登、香奈儿以及杰克·丹尼威士忌这样的名牌，这个比例也不到 1%。结果在意料之中，甚至恰恰反映了人性的本质。说到底，Facebook 是一个社交平台，不是供企业叫卖的集市。

罗尔斯说：“人们用 Facebook 是为了与亲友保持联络，而不是看广告。社交网络最大的价值是重建用户与许久未见的朋友和亲人的关系，互通彼此近况，分享私密信息。这才是社交网络的灵魂所在。”

的确，有些用户会在社交网络上分享他们与某些品牌的亲密关系，但大部分品牌都未能做到与消费者建立亲密关系。当然，**品牌也不能盲目越界，急于加深感情，这只会适得其反。**

还记得电影《全职浪子》里的迈克吗？乔恩·费儒饰演的迈克在酒吧认识了一个女孩，并成功索取了电话号码。接下来，迈克进行了无数场令人捧腹的与电话答录机的对话。当女孩听到迈克的留言后，警告他不要再打电话过来。迈克过度热情的追求让女孩不舒服，所以进了对方的黑名单。在社交网络上越界的品牌也会得到如此下场。

怯懦的人喜欢“点赞”？

既然提到反面教材，我们要额外奉上小说家乔纳森·弗兰岑（Jonathan Franzen）对“点赞”按钮的看法。2011 年，他对俄亥俄州肯扬学院的毕业生发表了演讲，主题为“怯懦的人喜欢‘点赞’”：

> 如果将企业比喻成一个人，处处求“赞”的企业就是一个极度渴望被喜爱、极度自我缺失的人。他的性格会是怎样的呢？你将看到一个不诚实、缺乏自信的人，极端的话，还很可能是一个自恋狂，一个极度爱惜羽毛、不容自我形象受到玷污的偏执狂。这样的人非常容易走极端：要么逃避与他人接触，要么放弃自我迎合他人。

弗兰岑的语言虽然有些尖刻，但他的确道出了真相：从消费者时代品牌形象的塑造到社交时代有目的地自我展示，品牌始终倾向于讨好大众。考虑到以上种种原因，顶尖风投公司联合广场（Union Square Ventures）的合伙人弗莱德·威尔逊（Fred Wilson）曾发表博文怀疑投资界高估了“点赞”数量的重要性。他认为这个数值属于典型的追踪指标，代表的是该品牌过去受欢迎的程度，而根本不能用来预测品牌未来发展状况。然而，品牌和第三方依然经常引用获得的“点赞”数，并将其视为关系建立的证据。葫芦网完全根据 Facebook 上获得的点赞数衡量超级碗广告的成效；时装零售商 C&A 甚至在每个衣架广告上实时更新品牌获得的点赞数；克罗地亚文件共享服务商 Maxxo 也是一样，2011 他们发布新闻称自己越来越受欢迎，依据便是“点赞”数量的攀升，虽然其中 3 500 个“赞”是冲着奖金来的。

看待“点赞”这个问题，不宜过激。还记得“秘密”发起的“欺凌他人是恶行”活动吗？活动获得的“点赞”数被当做衡量该活动成功与否的重要标准，因为这是当时最合理的选择。

新罕布什尔州的咨询公司 KDPaine & Partners 的营销研究顾问、公共关系及社交媒体分析专家凯蒂 · 佩因（Katie Paine）说：“对企业来说，获‘赞’意味着‘哦，天呐，真的有消费者愿意与我互动！’但是当惊喜消失之后，品牌管理者不禁会问品牌到底有多受欢迎？这种程度的欢迎价值几何？”

现状是，过去投入广告业的资金转移到数字媒体上，广告从业者们当然不会坐以待毙，他们努力将自己融入新媒体时代。在新媒体时代里，旧的广告从业者们一如既往地讲究成果与效率，追求更大的品牌传播效率以及客户的互动频率。他们希望明确知道一个“赞”到底值 1 美元还是 3.5 美元，但这个价值很难衡，因为消费者“点赞”不过是一时兴起。消费者今天为你“点赞”，并不代表明天依然会这样做。点了“赞”也不是说他们就会信任企业，对企业保持忠诚。面对这种情况，广告商只能举手投降，他们实在搞不懂消费者到底在想什么。

佩因还认为，像可口可乐和宝洁公司这样精于使用传统媒体广告的企业，应该在视所有营销渠道为一个整体的同时，将社交媒体渠道划分出来，单独计算其投资回报率，弄清楚新媒体营销的成本，及其与消费者喜爱程度之间的关系。这很难做到，因为巨额的广告带来的效果往往会蔓延到社交媒体平台上，与新媒体营销的成果混在一起，无从区分。经过 11 个行业协会、8 家公司长达 1 年的共同努力，到

2012 年 10 月，研究终于取得了进展，专家找到了衡量资源透明度以及消费者参与互动的意愿的方法。

社交营销之路还很漫长，充满艰难险阻。人们对社交媒体平台的营销成果是否可以量化存在很大分歧，甚至有人认为信息到达率和传播频率就是衡量标准。佩因同时加入了五个委员会，为了统计出广告商们需要的确切数据，这些委员会正在努力研究能够衡量社交媒体平台效用的方法，研究的核心就是消费者的“点赞”行为。

“赞”不如评，评不如捧

不确定性让人心生沮丧，懊恼不已，影响了营销人员对社交媒体继续投入资源。然而，我们可以完全换个角度看待这个问题。首先，放弃对“点赞”估值的执念，因为不管怎样，就如可口可乐公司总结的那样，它的价值总会高于仅给公众留下少许印象的付费媒体。SocialMedia 网站的 CEO 安迪·塞诺维兹（Andy Sernovitz）对可口可乐公司“快乐贩卖机”的病毒视频评价颇高，认为其广告传播能力无可匹敌。塞诺维兹认为，有 400 万人在别人的强烈推荐下观看了这段视频，这与有 400 万人看了可口可乐的电视广告完全不是一个概念。这两批人的参与程度截然不同，而广告从业者早就将这个词抛到了九霄云外。塞诺维兹也一直在关注公众对奥利奥饼干的喜爱。

他说：“奥利奥的 Facebook 主页显示，有 2 500 万人希望与奥利奥互动。他们愿意这样做，不是因为他们看过奥利奥的广告，而是因为他们喜爱这个品牌。”在奥利奥的 Facebook 主页，有一张“粉丝”上传的动态图片：一个小伙子将奥利奥放在额头上，不需要用手指帮忙，奥利奥自己滚入嘴里。不到 24 小时，这个傻气的举动就收集到

685 个"赞"。当奥利奥的生产商纳贝斯克公司（Nabisco）在页面上提问"你最近有没有和别人分享奥利奥"时，几秒钟之内就有 946 个人点赞，248 条用户评论。塞诺维兹说："我们以每个 Facebook 用户拥有 150 个好友计算，也就是说，10 分钟内就会得到 18 万人注意到这个问题，再乘以 365 天，奥利奥每年能给 6 500 万人留下印象。而且别忘了，这都是用户身边的朋友推荐他们看到的内容。"

"最终有多少人参与了纳贝斯克公司的提问？" 塞诺维兹总结道，"10 000 个'赞'，479 条评论，947 次分享。将这些数据带入刚才的公式就会知道，奥利奥每天的新媒体受众人数为 170 万。更重要的是，这 170 万的展现量完全免费。"

重申一遍，社交媒体上的推荐内容都来自朋友，即使这朋友只是萍水相逢。广告相当于来自街头的、很难引起你注意的陌生人；"点赞"则相当于一次邂逅、一个亲吻、一个拥抱，或者一句相见恨晚的感叹、擦肩而过的微笑，是一种混合着实际行动与情感投入的举动。总之，它称得上是一种关系。

CAN'T BUY ME LIKE

点『赞』之笔

> 广告相当于来自街头的、很难引起你注意的陌生人；"点赞"则相当于一次邂逅、一个亲吻、一个拥抱，或者一句相见恨晚的感叹、擦肩而过的微笑，是一种混合着实际行动与情感投入的举动。总之，它称得上是一种关系。

的确，关系的建立必须有起点。这个起点既可以是一次交易，也可以是一次询价，还可以是一张优惠券或某个促销活动，甚至跟购买活动毫无关系。毕竟除了消费者，企业的利益相关者还包括雇员、供应商、股东、监管机构、立法委员等。然而毫无疑问的是，越来越多的关系始于一次无心插柳。点燃蜡烛比诅咒黑暗容易，承认“点赞”具有巨大价值比抱怨缺乏衡量投资回报率的方法重要。爱情、信念、勇气都是无法衡量的因素，但我们不应该因此忽略它们的价值。

不要一味试图将“赞”转换成交易，那是消费者时代的思路，我们应该竭尽全力让交易赢得更多“赞”。

第8章

社交营销就是“说人话”

仅有6人的竞选团队就为奥巴马争取到加州500万选票，他们怎么做到的？一家提供盲文菜单的汉堡连锁店，为什么能获得50多万健全人士的称赞？如果公众反感推销、拒绝说服，那如何将广告变成他们乐于接受的信息？

真相在让你解脱前，会先把你气个半死。

——葛罗莉亚·斯坦能（美国女权运动先锋人物）

社交营销就是“说人话”

在从消费者时代到社交时代之间这段转变期里，我们要经历前面 7 章里描述的动荡：微观取代了宏观，自下而上取代了自上而下，目的营销取代了传统营销。原本坚固的基岩，在地壳运动的隆隆声中磨成了沙子。头昏脑涨、肠胃翻腾是面对压力时的本能反应。

地壳运动的比喻十分形象，但这里还有一个更可怕的比喻来说明商界的困境。我们经常被告诫说：“调整内部结构，就如同在半空中更换飞机引擎，但飞机不可能在更换动力装置的同时保持安全飞行。”

多么形象又可怕的比喻。飞机当然无法在半空中更换引擎，但确实存在保持安全飞行又进行重大改革的可能。让飞机飞走吧，还有第三种更贴切的比喻，比如接力棒。**接力赛中，如果接力棒的传递足够精准，上一个选手的速度损耗和下一个选手的能量流失都将降到最低，这就避免了降速和跌倒的风险。**当然，这需要谨慎考量传递接力棒的最佳时机和方式的问题。我们将在本章中解释如何做到这一点。迄今为止，我们讨论过的大多是概念理论以及名企轶事。接下来我们要开始探究操作方法，具体的操作方法分为内修和外炼两方面。

挖掘品牌核心目标：从 Why 到 What

“秘密”止汗香体膏、帕纳拉面包、巴塔哥尼亚、嘉信理财集团、卡卡圈坊、Method 公司、路易斯维尔—斯拉格、美捷步，我们提供了很多以企业核心目标为营销导向的榜样企业。“企业应该做什么以及为什么这么做？”这个问题无法通过敏感性训练解决，新时代水晶球或通灵术也无能为力，只有像提炼香精那样不断蒸馏，才能萃取出精华，这个过程说起来简单，但是执行起来十分辛苦。

通灵术做不到的，反证法可以

萃取过程需要企业先集结整个团队，思考这样一个基本问题：这个品牌为什么要存在？这样每人都会得出自己的品牌核心理念。查尔斯·施瓦布当年重返嘉信理财集团，试图挽回破产危机时，也将他能想到的答案一一列在纸上。这一番咀嚼思考通常能产生很多真实陈述，但绝大多数都不能解决问题。有些答案似乎非常接近问题核心，但最终被证实那只是在描述一个目标（在处理器领域居世界第一），描述一种市场现状（因为有些人有口臭），或是一种无足轻重的情感（实现德高望重的企业创始人的愿景）。思考企业存在理由的过程，也顺便解决了这个问题：**如果明天这个品牌从地球上消失了，除投资人之外，谁会在乎？**

再次看一下那几家企业的核心目标：

- “秘密”的存在是为了让所有女性都无所畏惧，勇敢追梦；
- 路易斯维尔—斯拉格存在的意义是成就伟大的棒球运动员；
- MEplusYOU 的存在是为了建立更和谐的社会关系。

这些核心目标的共同点是，它们都不是假大空的口号。

企业核心目标必须一步一步推导得出，不能加工伪造，不管推导过程如何新潮、简单甚至愚蠢，例如将历史复杂化之后推导出完全不同、完全陌生的未来，最终目的是简单亦有可取之处。健康食品超市公司的 CEO、自觉资本主义（Conscious Capitalism）的拥护者约翰·麦基认为，一切最终都归结为柏拉图所说的真、善、美，以及他本人尤其推崇的英勇。寻找企业核心目标时，你会发现它散落在企业的一切行为之中，从人才招聘到产品营销，从供应链到语音信箱的问候语。所谓反证法就是指，为了看清真相、找到真实的答案，可以通过推翻那些浮夸表面来还原事情的原始状态。还有一点，不要聘用外部机构来“创造”企业的核心目标，有技巧的引导者会帮助企业发掘出品牌目标，但不是创造，因为它本身就存在。企业核心目标不是商品，寻找自身存在意义的任务不能外包。所以，请认真挖掘，毕竟它决定着企业的未来。

MEplusYOU 公司曾经只用了 7 小时就帮客户梳理出其品牌目标。在这个过程中，与会人员提出各种想法，贡献了无数建议，设置了不少挑战，展现了充分的信念和热忱，最终，投影幕布上仅留下一条清晰、简洁的句子。客户公司的市场总监高喊道：“没错，这就是我们品牌的含义。”会议室沸腾了，所有人都欢呼雀跃。

只有营销部门负责人不为所动。她眉头紧皱，一副心神不宁的模样。“好吧，这确实是我们品牌的含义。”她说，“但它不适用。至少有两家竞争者有资格说同样的话，也就是说，有更多的公司可以用它，因为这句话不够独特。我们可不可以……”接着，她开始滔滔不绝地介绍产品：品质优异、外形酷炫、看起来贵气而且包治百病。这是典型的消费者时代的思维模式：要在各方面超越他人。

经过长达一天的企业核心目标挖掘之后，她依然没有理解企业核心目标不是市场定位。企业核心目标不是与其他品牌区分开来的标签，不是吸引外界关注的口号，而是一种激励企业所有员工、凝聚全部力量的暗语。

对垒特劳特：比定位更高效地入侵消费者心智

10 年前，MEplusYOU 公司开始从事品牌宗旨探索工作，当时我们只能通过引导企业思考“为什么”来寻找其核心目标。后来，挖掘角度丰富起来。畅销书《从“为什么”开始》(*Start with Why*) 的作者，领导力顾问西蒙·斯涅克（Simon Sinek）在其著作中写道，**提炼品牌宗旨分为三个步骤：“为什么”（Why）、“怎么做”（How）以及“做什么”（What）。**

“怎么做”指的是品牌表现其核心目标的方式，这决定着企业占领市场的方式和姿态。“做什么”是说企业提供什么样的产品和服务。这两个问题可以帮助企业以实事求是的态度来认识自己。挖掘企业宗旨、确立核心目标不是为了吸引客户或促成交易，因此没有必要夸大其辞。换言之，它本质上就是一次平心静气的自我反省。

比如，宜家家居的企业宗旨是“为大众创造更好的日常生活”。这就是宜家对“为什么”的回答，这是他们的存在理由，一个很难从情感或事实的角度反驳的理由。那么为了践行他们的宗旨，宜家应该“怎么做”？他们的方法听起来也非常真实可信：“提供种类繁多、美观实用、老百姓买得起的家居用品。”宜家对“做什么”给出的答案也与品牌提倡的“迷宫式”商场布局相一致：其产品偏重功能性和设计感，且价格低廉。它为一个家庭里的每个房间都提供了家居解决方案，在浪漫主义情怀、亲民的价格以及简洁的设计风格之间寻找到平衡点。宜家的产品追求一种和谐感，无论消费者偏爱哪种设计风格，他们的设计师和产品研发人员都会力求满足消费者的日常需求，为他们免去不必要的麻烦。

棒球用品品牌路易斯维尔—斯拉格的存在理由是“成就伟大的棒球运动员”，其存在的理由是“成就伟大的棒球运动员”，用品牌创始

人路易斯维尔—斯拉格自己的话说："这个观念已经深入品牌骨髓。"他们通过点燃消费者对品牌和棒球运动的热情来为品牌积蓄能量，在表述公司提供的产品与服务时，他们不要花招、直截了当："我们设计并且销售性能过硬的运动器材。"

"秘密"品牌的"为什么"是无所畏惧，"怎么办"是帮助女性在各种社交场合都自信勇敢，"做什么"则是为女性提供高品质的止汗香体膏。

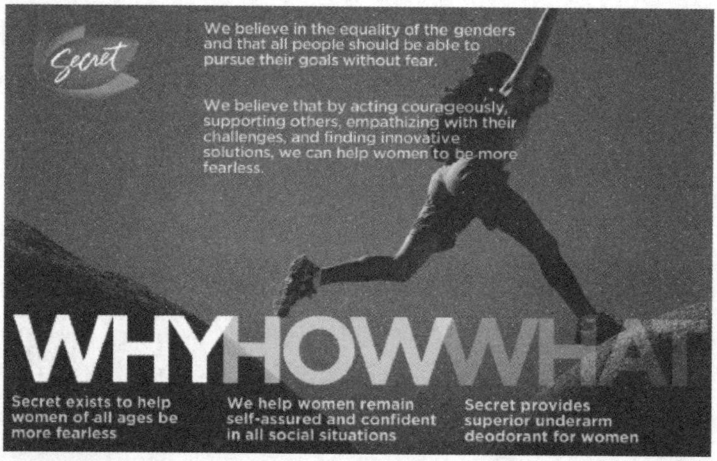

企业核心目标是企业一切活动的出发点，营销也是其中一环。企业核心目标不是一个营销概念，它需要经过"品牌表达"才进入营销的范畴。

品牌表达与市场定位又不一样，尽管它们有很多共同点。我们曾说过，如果动机不够纯粹，市场定位就容易失真。大幅提升了还有一些市场定位不忠诚于品牌内在，而是倾向于讨好消费者。但不可否认，杰克·特劳特在 1969 年提出的"市场定位"概念非常巧妙，它让品牌进驻消费者内心成为了可能。

然而，我们有更先进的入侵公众意识的方法。"品牌表达"一词由 BrightHouse 公司的 CEO 乔伊 · 雷曼（Joey Reiman）发明。这个术语将产品和服务的内在属性、情感意蕴以及利益相关者的价值观表达得淋漓尽致。

这是对 3C（信誉、关怀和一致性）的完美阐述，也是企业宗旨"为什么"、"怎么做"、"做什么"三位一体的表达融汇。

CAN'T BUY ME LIKE

点『赞』之笔

企业核心目标高于营销战略，它需要经过"品牌表达"才进入营销的范畴。品牌表达不是市场定位，而是对产品和服务的内在属性、情感意蕴以及利益相关者的价值观的外化与表达。在执行上，品牌表达必须严格遵守信任 3C 法则（信誉、关怀和一致性），并需严谨而完善地说明企业宗旨"为什么"、"怎么做"、"做什么"。

企业宗旨既不是口号也不是销售主张，它仅仅是一种冷静内省之后的陈述。**如果说企业宗旨是企业对品牌存在理由的解释，那么品牌表达就是品牌面对外界时的"面目"**。例如，苹果公司对外的定位是"成为独立思考者的最佳选择"，这源自其内在特性：追求偏执创新以及专注设计。

企业宗旨是品牌的自我，品牌表达是自我对外部的投射。一定要牢记，如今已不再是消费者时代。企业不可能再私自营造光鲜形象，只能原原本本地呈现真实的自己。在社交时代，企业形象由消费者来判定，企业的广告行为、营销推广活动、显性或隐性的承诺都会对企业的整体形象产生影响。明确地说，与客户的关系决定着企业的成败。接下来我们将探讨如何与客户建立理想的关系。

让目标更生动：品牌表达六步骤

这不仅是一部专注于社交营销的作品，书中的理论适用于所有需要建立关系的场合。只是为了更清楚地表达和理解，在阐述社交时代营销原则时，我们将关注点集中在社交媒体领域。以下提及的社交媒体营销六项基本原则，只要稍加调整，即可适用到所有需要建立客户关系的领域。如前文所说，由消费者时代到社交时代的更迭犹如一场接力赛，这六项基本原则正是接力棒。欢迎光临维恩图（Venn Diagram）的奇妙世界。

或许在 6 年级的数学课上，为了加强理论理解，老师介绍过维恩图。维恩图由一系列圆圈组成，每个圆代表一个类别。圆圈相交的部分是指不同类别之间存在的共性。例如，代表狗的集合不可能与代表国会议员的集合有交集，因为狗不会拉选票、募款，更加不会阿谀奉承，如图 8.1。代表星际迷航“粉丝”的集合与代表缺乏社交能力人群的集合明显相交，交集中的人既是星际迷又难以融入社会生活，如图 8.2。

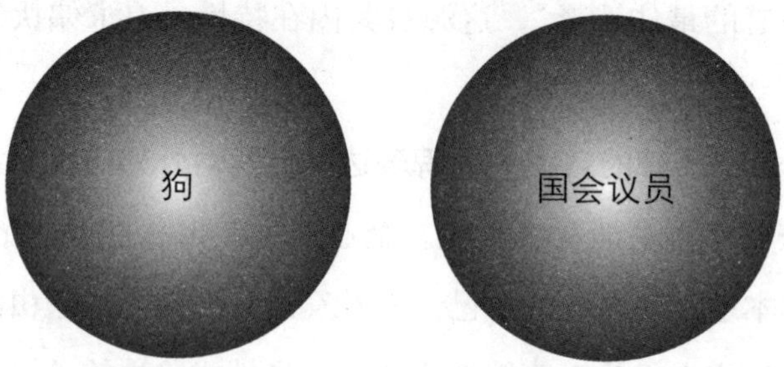

图 8.1　维恩图：狗 vs 国会议员

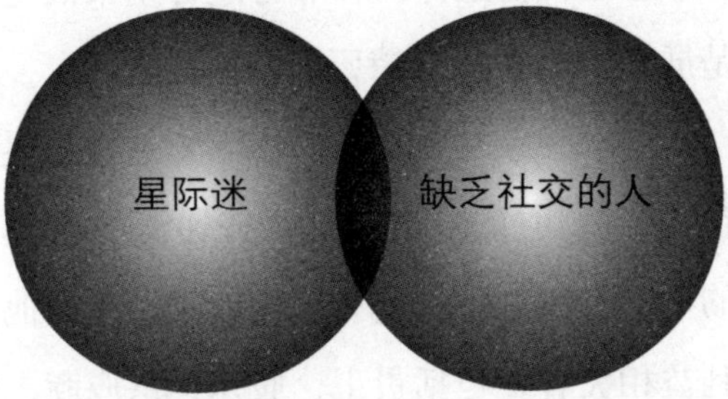

图 8.2　维恩图：星际迷 vs 缺乏社交的人

一般来说，不同集合之间均有交集，只是相交的程度不同。名字有三个单词的著名音乐人很多，名字有三个单词的出名的暗杀者也不少，但既是音乐人又是暗杀者，而且名字有三个单词的人却少之又少（如图 8.3），仅约翰·威克尔斯·布思一个，他既玩音乐，又刺杀了林肯总统。

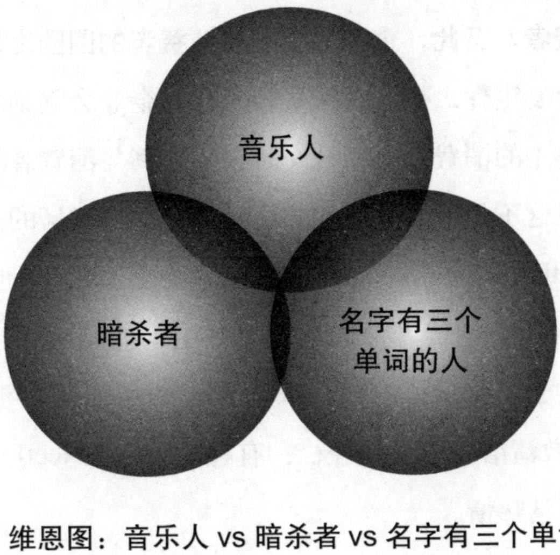

图 8.3　维恩图：音乐人 vs 暗杀者 vs 名字有三个单词的人

如前所示，维恩图就是这样一种非常适合用来描述事物之间共性的工具，它也是展示社交时代营销原则的最佳方法。

假设你的公司是一家厨房清洁用品制造商，生产一种名叫NeetFreek的清洁海绵。它的吸水效果跟普通海绵差不多，但完全由回收利用回来的购物袋制成，且具有杀菌效果。跟其他企业一样，你需要兼顾各方利益相关者，包括员工、股东、供应商、分销商、监管机构、政府、零售商以及消费者，你有义务做出正确抉择。在这种情况下，不少品牌都会展开深入的市场研究，理论依据无外乎人口统计学、心理学、媒介消费等。根据这些简陋的道具，企业选择出“最合适”的信息传播渠道，妄图吸引消费者的注意。这种传统的营销方式与社交时代格格不入，甚至背道而驰。

正确的做法是，你首先必须明确企业核心目标，它不仅存在于产品和服务中，还隐藏于企业的一切言行中。**企业核心目标、价值观、利益以及行为会制造出一种气氛，这种气氛会吸引拥有相同价值观和利益点的消费者，至此，企业的圆圈与消费者的圆圈出现了相交的区域。**接下来会发生什么呢？在消费者时代，企业会立刻将铺天盖地的广告扔向交集中的消费者。在社交时代，找到与消费者的共同之处是必然选择，但这不是征服之战的开端，而是双方对话的开始。

假设NeetFreek的品牌宗旨是“让清洁更卫生”，但这个动机却不一定能打动所有消费者。这就需要更生动的品牌表达，当然，前提是必须忠实于企业宗旨。因此NeetFreek的品牌表达可能是这样的：“我们希望将做清洁变成一件轻松、有趣的事情，NeetFreek会最大限度激发您的清洁热情。”

不管挖掘出怎样的结果，企业都必须确保产品和服务能兑现品牌表达中的承诺，并且确保企业宗旨具备吸引共同利益者合作的特性。

图 8.4 是 NeetFreek 海绵与消费者的维恩图。图中的阴影部分便是企业与消费者的交集。但问题是这些交集是什么？会议室里的纸上谈兵无法解决问题，想弄清楚消费者愿意与品牌共享什么，最好先听听他们的心声。

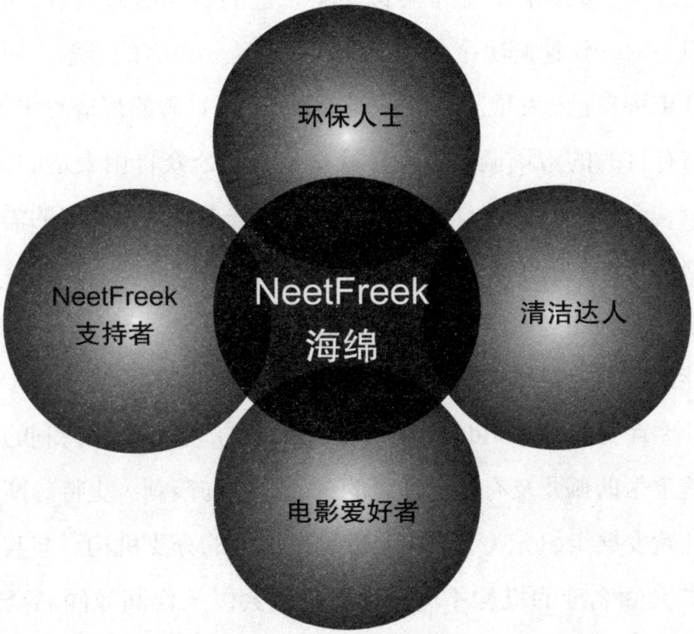

图 8.4　维恩图：NeetFreek 海绵 vs 消费者

步骤 1　先听听他们在谈论什么

倾听是最好的关系培育器，倾听行为体贴而无私，它体现了对说话人的尊重。通过倾听，你可以获取大量信息。密切关注他人的想法、需求、兴趣、烦恼和经历，是了解对方的最佳方式。同时，默默倾听也是保持良好形象的好方法。企业的优势在于可以如国家安全局一样随时检测、筛选消费者的数以百万计的意见和建议。任何企业都可以借助免费的搜索引擎搜集到无数自己以及竞争对手的资料。信息服务供应商们也帮了大忙，他们还能提供数据精细分析服务，绘制公众对品牌的情感变化轨迹图。在社交时代，追踪公众网上评价是任何组织或个人最基本的生存技能。

通过网上的评价，企业可以了解自己的行为给公众留下的印象，还可以一对一快速解决个别客户或其他利益相关者的难题。网络评价是企业审视自己、发现问题的一面镜子，为好口碑的形成奠定了基础。

与有目的的市场调研不同，社交平台是公众自由表达的大舞台，在这里，企业可以知道自己的产品和服务是否满足消费者的需求，是否符合消费者的价值观，以及能否赢得消费者的喜爱。据此，企业能预测即将面临的到底是机遇还是挑战。更有甚者，现有消费者的评价还可能颠覆企业对目标受众思维方式和行为模式的设想。

世界宣明会（World Vision International）是一个非营利的慈善组织，着重帮助孤儿及有特殊需要的孩子。它与莎莉·史特瑟斯代言的国际儿童发展组织无关，也不是救助儿童会的分支机构。与其他通过广告扩大知名度的机构不同，世界宣明会以工作高效闻名全球。一些所谓的非营利机构，其运营模式与某些企业的非法集资行为无异，他们将相当部分的善款用于再次募集善款，而世界宣明会的行政及资金筹集开支只占总收入的14%。作为信奉基督教的组织，世界宣明会的核心理念非常明确："我们效法耶稣基督的榜样，本着他的爱和热诚，认同贫穷、受欺压、受歧视的人，呼吁人与人之间没有歧视和无条件的爱。"在世界宣明会创建之初，管理团队就确定了一条原则：无论对方是否愿意参与，都不要过分热情、令人生厌。他们不会借"不幸之人"的名义增加"幸运儿"的负罪感。

这个设定很快被网络评价否决：并没有人指责募捐活动引发了自

己的内疚感。恰恰相反，募捐活动诱发了生活富足的人“自我牺牲”的积极感受。请牢记，社交时代的营销本质是持相同价值观的买卖双方互惠互利。因此，募捐活动在满足慈善事业的资金需求的同时，满足了捐赠者的心理和情感需求。

捐赠者的正面回应使得世界宣明会越发好奇：如果捐赠不是引发内疚感，而是汇聚正能量，那我们能否将这样的同情心、责任感甚至道德感转化成更强大的慈善力量？于是，世界宣明会找到了新方向。在此引用电影《华尔街》里戈登·盖柯的观点：内疚有益。世界宣明会没有武断地忽略人们的同情心，而是予以关注、加以培养。

美国世界宣明会电子商务执行董事斯科特·钦（Scott Chin）说：“在贫苦的人眼中，世界宣明会可能是一个救助组织。但就捐赠者而言，他们也有需求，他们希望帮助他人，为慈善事业添砖加瓦。我们是捐赠者与被帮助的人之间的桥梁，让捐赠者有机会帮助其他人脱离贫困。”

上文中的事例给了我们三条启示。第一，真正的社交时代的营销能实现多方共赢；第二，请真实地呈现自我，社交时代不适合装腔作势；第三，倾听价值巨大，同时不要把倾听对象限定于谈论你的人。这听起来似乎与寻找交集无关，但需要明确的是，世界很大。

CAN'T BUY ME LIKE

点「赞」之笔

事实证明：1. 真正社交时代的营销能实现多方共赢；2. 请真实地呈现自我，社交时代不适合装腔作势；3. 倾听价值巨大，同时不要把倾听对象限定于谈论你的人。

我们再看一下 NeetFreek 清洁海绵的案例。在图 8.4 中，有四个相互独立的圆圈，它们分别代表环保意识、有洁癖的人、电影迷以及追星族。各个圆圈中的人利益一致，价值观相通。企业必须认真留意各个圆圈内成员的言论，了解他们的价值观、喜好以及需求。毕竟企业的目标是寻找交集，进而不断扩大它，因此企业最好先勘测清楚可发挥的空间和领域。

但是，交集不是一定存在。假设你关注的那个人只会喋喋不休地聊宠物，与你实在没有共同点，那就随他去吧，不必硬要制造交集。记得马特·狄龙在电影《我为玛丽狂》饰演的角色吗？他窃听卡梅隆·迪亚兹饰演的玛丽，发现她喜欢建筑、尼泊尔，还热心照顾智障儿童，于是假扮成刚从尼泊尔回来的建筑师，号称自己马上要为“弱智”义务演出。当然，他的把戏很快被拆穿，最终只得狼狈收场。

步骤 2　开口之前，先确认你的语气是否亲切有趣

我们一再强调：企业与消费者关系的建立和人与人之间的交往并无二致。然而，**企业的身份毕竟不是某个人，不具有人类的秉性。企业不仅不是个人，也不宜由个人代表**。现在一个品牌一般都有数个、甚至数百个员工在公司主页或社交网络上发表观点，他们代表企业提问，展示兴趣点，自我吹嘘，为企业的言行找借口、道歉或者表态。如果员工代表企业发声的依据是其对企业形象的理解，那消费者接收到的信息将只是企业的不同侧面。对美捷步而言，这种“横看成岭侧成峰”的个性表达定义了企业文化，但对大多数企业来说，相对统一的企业形象才更有利于未来发展。

显然，企业形象必须与宗旨及价值观保持一致。即便如此，企业在主题选择、语言表达、语气口吻、风格个性上仍有广阔的发挥空间。除非打算与美捷步走相同路线，否则企业一切言行必须忠诚于自己想

要塑造的品牌形象。这需要企业先为品牌设定一个理想的人格，并列明它的性格特征。

梅根（Meghan）是 NeetFreek 清洁海绵在 Twitter 上虚拟出来的品牌代言人，她是一个有自知之明，时常自我打趣的人；她有洁癖，关注环保事业，经常取笑自己看到名人就要凑过去合影的臭毛病；她不是科学家，但很了解聚合物；她酷爱七分裤和平底鞋，因为家用清洁用品广告里的主妇们都这样穿；她喜欢“美国偶像”克雷·艾肯和大嘴美女茱莉亚·罗伯茨；她发现霍华德·休斯有洁癖，并且对他生活中的各个细节了如指掌。

最重要的是，梅根是 NeetFreek 核心目标的虚拟化身。企业需要一个社会代言人，但代言人并不能定义企业宗旨。正如英国作家劳伦斯所说：“我渴望以客观事实、共同的目标和信仰为基础的人际关系，不喜欢以个人品质为纽带的完全私人的人际关系。”

我们不是让 NeetFreek 员工冒充梅根。我们也不是建议企业创建像“第二人生”游戏中的阿凡达那样的角色。我们只是希望企业员工考虑一个问题：“如果要选拔一个能代表 NeetFreek 企业利益和价值观的真人梅根，她会是什么样子？”得到答案之后，管理团队就可以将用真人把梅根替换掉，因为他们有着同样的行为动机和性格倾向。

用虚拟的梅根也没有问题，但要保证绝对不能让她说话的口吻像公关机器人一样毫无生气。但现状是，企业往往为了避免出错而限制社交媒体负责人的自主权，为他们拟定出一整套类似客服话术的沟通模板。这样就导致品牌在与公众接触的时候，常常语气生硬态度死板，白白浪费了接近消费者、塑造良好形象的机会。企业高管的公共演讲也总犯这样的错误，他们的演讲稿大多由公关人员精雕细琢而成，呆板无聊，索然无味。企业高管在公共场合演讲时，类似情况也不少：

他们的演讲稿由公关人员精雕细琢而成，呆板无聊，索然无味。为了避免这类尴尬现象，负责人们可这样练习：

> 给你的好朋友打个电话。跟对方聊聊你们这个行业、你们的品牌、你们的成就以及以往的过失、当前的机遇和挑战、未来的计划。记录下你讲述这些内容时的逻辑框架，运用的表达方式以及得到的反应。说到底，这是一场即兴谈话。

然后，以这套对话的标准来审视一遍企业的营销材料、新闻稿以及年度报告。或许你会留意到这两种表述方式在词汇、语气、清晰度、坦率程度以及表达风格上的细微差别。你认为客户更愿意与谁交流？是平易近人、朝气蓬勃的前者还是缺乏生气、冷若冰霜的后者？

请记住，跟你的好朋友一样，你的客户也是活生生的人。所以，**企业应该把消费者当成有情绪、有感知的存在，用更平易的方式沟通，更亲切的态度倾听。还有，要确保所有的“梅根”都如此行事。**

步骤 3　好了，可以试着打声招呼

必须认识到消费者是有血有肉的人，这不是模拟类游戏中的场面话，而是一种企业经营方式。在所有互动关系中，线上互动所占的比例不断提高，逐渐成为整个互动营销体系的关键。

在经过一番深思熟虑之后，企业确立了品牌宗旨，开始重视人际关系的培养，努力听取各方意见和建议，为品牌凝聚力的增强创造条件。完成了这些，企业可能认为是时候像“秘密”止汗香体膏那样，发起一场品牌运动了。

思路很对，但有些操之过急。假设你和另一半应邀出席一场晚宴。

晚宴上的其他客人彼此熟悉，交情颇深，他们的子女是同学，孩子们经常一起踢球、参加课外活动、参加彼此的生日会，甚至偶尔在彼此家里留宿，而你们是局外人。你来参加晚宴仅仅是因为你与主办人一起上普拉提课。面对这群初次见面的陌生人你大聊普拉提，完全没有意识到听众越来越沉默，气氛越来越尴尬，甚至与你同来的伴侣都露出了难以置信的表情。凭借惊人的意志力，你劫持了整场谈话，成功获得所有人的反感，甚至有可能赢得“不知趣的入侵者”称号，以这样的形象收场显然不太成功，这群人可能再也不会邀请你了。

与现实生活中的互动一样，在社交网络中贸然谈论价格、广告活动、不成熟的营销计划，并不能帮助企业赢得更多与消费者对话的机会。**我们的建议是：从简单的分享开始**。也就是与交集中的人讨论你们都感兴趣的话题。企业有必要广泛搜寻互联网上的有趣内容，将符合公众趣味的新闻、段子、视频、图片等内容分享出来。同时要注意避免画蛇添足，鼓吹企业形象的机尚不成熟。

将 YouTube 上的视频统计结果与学术理论比对之后，沃顿商学院市场营销学教授乔纳·伯杰（Jonah Berger）及其同伴得出这样的结论：“总的来说，我们发现品牌表达与无私分享是负相关关系。”为什么会这样？因为品牌表达有广告嫌疑，而公众认为所有广告都是垃圾。第三方在线视频分析公司 Visible Measures 称，即便在门户网站播放，浏览量不足 100 万次的病毒营销视频也高达 86%。

然而，如果企业被信赖，公众就会对你青睐有加。或许赢得信赖之前，企业需要潜心分享很长一段时间，这样最终才会获得丰厚的回报。在此期间，企业的表现务必要优于过去任何时段，要认真倾听问题，积极解决投诉。

一般情况下，首次碰面的两个人不可能立即跨入资产共享的婚姻殿堂，甚至不能让他们在节日时互换礼物、相约打高尔夫球，或接听对方的深夜来电。但偶遇可以创造无数机会，一起喝咖啡、吃午饭或者一起运动的机会。偶遇多少会给双方留下些印象，下次会面时，即使双方都忘了对方姓名，依然会友善地闲聊几句。以上所有关系都比你与保险公司的关系更亲密，因为保险经纪人完全是陌生人，即便这些公司每年投入的媒体宣传费用高达数十亿美元。

点『赞』之笔

必须认识到消费者是有血有肉的人，因而与消费者交往最好别像机器人一样呆板又冰冷，面对有共同话题的消费者时更应坚持此条原则。较适合的方法是，就共同话题展开讨论，或者企业主动收集互联网上的有趣内容，将符合公众趣味的新闻、段子、视频、图片等内容分享出来。

在社交时代，社会关系并不能等同于商业关系，虽然两者很相似。我们重新思考一下这个问题：为企业“点赞”的那些人到底赋予品牌什么级别的权限？前文讲到，只有15%的“点赞党”愿意接受品牌表达，39%的人认为“点赞”不代表认可。对他们而言，“点赞”只是在说：“嗯，东西不错。但不要给我打电话，有需要的时候我会找你。”

现在想象一下这个情景：开学第一天，作为家长，你出席家长会。副校长向家长保证学校对暴力事件持零容忍之后，走进来一位女教师，她简直跟安吉丽娜·朱莉一样漂亮。这时，你和另外一个孩子的父亲快速交换了下眼神。对方瞪大双眼盯着这位美人，你也露出了难以察觉的浅笑。会后，在等待机会告知老师你的孩子对花生过敏时，你与这位父亲寒暄握手。你们的关系会有怎样的发展？可能在下次家长会上再见面时，你们会约个时间让孩子们一起玩。你们可能就此持续联系下去，也许某一天成为亲密的朋友。还有一种情况是你对他说：“比尔，很高兴见到你。我是道格·莱维。这里有100本我的新书，你要不要也买一本？”遇到这种情况，比尔可能会尴尬万分地拒绝你，甚至觉得自己被冒犯，他一定再也不想遇到这个叫莱维的家伙了，而且他很有可能告诉其他学生的父亲，道格·莱维是个混球。既然如此，为什么有些人会以企业的名义做类似的事情呢？我们送你一条同时适用于商界和日常生活的建议：不要做那个混球。

归根结底，我们探讨的是人性。**企业应该认识到，购物消费时公众的喜好不会出现显著变化，而且他们越来越倾向于以企业性格评判企业。当企业的性格被消费者喜欢，这种强有力的关系就将继续维持下去**。这时候企业就会完全明白，与公众的网络互动原来真的与现实中的人际交往一样。明白了这个道理，也就不难理解消费者时代盛行的营销方式为什么会在社交时代失利了，表8.1说明了消费者时代与社交时代的关键区别。

表8.1　消费者时代与社交时代的关键区别

社交策略		
	消费者时代	社交时代
目标	熟知	参与
策略	病毒式营销	制造吸引消费者的话题
起点	营销	倾听
传递信息的方式	追随我一起＿＿＿	消费者的口耳相传
成功标准	浏览量、留下印象的人数、熟知品牌人数	内容分享以及参与程度

步骤 4　进击吧！让世界看到你

当企业找到了核心目标，并且一直积极与消费者互动，接下来要做的就是促进品牌形象的有机生长，最终建立起公众信赖的品牌代言人。没错，企业终于迎来了主动出击的时刻。这时候，如果企业如同前文中那位出席晚宴的客人一样主动发言，将会受到广泛关注甚至认可。提供专业服务和优质产品的能力，口径统一的品牌表达，让企业在与各种消费者多次互动之后，得到了一大批愿意认真对待企业的追随者。浮夸的广告或冰冷的新闻稿绝对不可能达成这种效果。企业与消费者互动的方式没有改变，改变的是消费者对企业的关注程度。

以 NeetFreek 清洁海绵为例。NeetFreek 清洁海绵的制作材料是 100% 循环利用的废料，这显然有助于品牌赢得环保人士的支持。现在，假设你与多名环保人士共处一室，你们会谈论些什么？是清洁海绵还是破坏程度日益严重的臭氧层？抑或是相互迁就探讨彼此都感兴趣的话题？或许最适合的话题是那些无法生物降解的废弃物，如塑胶袋、汽车轮胎、机油、塑料汽水瓶、泡沫包装物循环利用的新方法。你可以与环保人士分享听到的环保项目，或者畅想一下未来，诸如将旧圆珠笔用作建筑材料等超前话题。

NeetFreek 品牌与公众互动的渠道非常多样，包括利用社交媒体平台、参加或发起众包项目、举行体育赛事、赞助慈善事业等。而且单是“室内卫生”这个话题就有足够的话题切入点，可供参考的主题包括：清洁小窍门、下水道的故事、室内细菌的科学知识、废弃材料的循环利用问题等。更何况企业还可以聘请环保人士专门设计更专业的话题。

企业不必针对某一类消费者设计话题，因为根据受众不同心理制

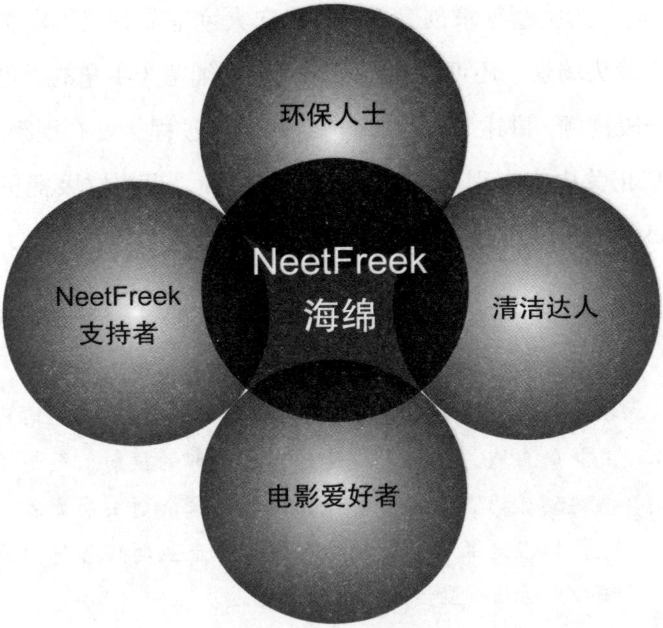

图 8.5 维恩图：NeetFreek 海绵 vs 消费者

作不同营销内容需要足够的资源。百威啤酒的生产商安海斯—布希(Anheuser-Busch) 就拥有这样的资源。在过去几十年里，安海斯—布希公司始终坚持为年长的保守派、年轻人、蓝领工人制作不同版本的百威啤酒广告。在社交媒体平台上，每家企业都可以运用百威啤酒的营销方式，因为这并不会耗费太多额外成本。

因此，NeetFreek 也可以与价值观相同的电影迷打成一片：“嗨，大家好！哪些电影场景出现过清洁海绵？哪些知名影星曾拿着海绵出现在电影里？”没准这些简单的提问会演变成一场声势浩大的宣传活动，活动的诉求就是好莱坞必须使用环保产品清理拍摄现场。高价邀请一个爱使用 NeetFreek 海绵的影星做代言，则非常不可取。

或许可以宣称 NeetFreek 清洁海绵能减轻清洁工作负担，或者以

“Neet 奥运”为主题征求创意。也可以向大家征集好莱坞电影史上的十佳海绵镜头场景。还可以制作一部以室内细菌为主角的微电影。或者拍摄一段视频，讲述 NeetFreek 海绵的制作过程。发布视频的同时，不断分享相关内容来引起共鸣，积极与发布“我的垃圾桶里塞满了 NeetFreek 海绵”的推友互动。

点“赞”之笔

如果说企业宗旨是企业对品牌存在理由的解释，那么品牌表达就是品牌面对外界时的“面目”。企业宗旨是品牌的自我，品牌表达是自我对外部的投射。至于品牌表达到底为企业赢得了什么样的形象，则由消费者来判定，标准是品牌表达的所有内容：企业的广告行为、营销推广活动、显性或隐性的承诺。

上述所有活动有 3 个目的：快速拉近与现有“粉丝”的关系，扩大吸引新“粉丝”的辐射范围，提高品牌威信及可信度。达到这 3 个目的，“梅根”这个虚拟的品牌形象代言人也就进入了公众心中。待梅根的 Twitter 更新内容，“粉丝”接收到风格统一的信息时，他们会很容易想到：这是来自 NeetFreek 的那群人。奥斯卡影后得主莎莉·菲尔德（Sally Field）曾说过：“人们喜欢他人喜欢的人。”这种喜欢为企业赢得很多个“赞”。

2011 年，克莱斯勒汽车公司（Chrysler）成为一场社交媒体营销失败案例的主角。当时，克莱斯勒汽车公司新媒体策略部的一位初级员工误将公司 Twitter 当作了个人账户，发布了这样一条信息：“虽然底特律被称为汽车城，这里却没一个人知道怎么开车，太他妈讽刺了！”

结果可想而知，这名员工被解雇了。那条可能是克莱斯勒公司唯

——一条既有人情味又可信的推文，也为新媒体策略部带来灭顶之灾。真正讽刺的是，克莱斯勒恰巧打算在这个时候豪掷百万美元，邀请有史以来最受争议的饶舌歌手痞子阿姆拍摄广告。所以，那位不过是在企业 Twitter 中爆粗口的员工，怎么就落得被炒鱿鱼的下场？

我们为克莱斯勒拟定了几条应该做的事：

- 在 Twitter 上公开道歉；
- 发起一场全美最糟司机所在地的讨论；
- 发起一场分享尴尬时刻的开放麦（Open-mic）活动；
- 给那名员工发放一大笔奖金。

步骤 5　赠送小礼品会让你更受欢迎

到了第 5 步，企业距离“开悟”只有一步之遥。在这个阶段，企业可以为自己做一些事情，放手笼络追随者，不断扩大影响范围。这时候，企业必须主动给予。**给予的内容可以是优惠券、高于一般客户的特权，也可以是一场有趣的在线活动，或者某个应用程序的抢先试用机会**。的确，本书强调企业要重视自我，坚守原则。我们也知道，用午餐换来的玩伴，可能吃完饭就离你而去，但公众喜爱免费赠品是不容忽视的真理。就像在广场上抛撒硬币，一定能吸引不少人来捡。

NeetFreek 海绵可以用各种方式发放奖励。可以与超市联手推出“购买任意商品满 200 美元赠送一块 NeetFreek 海绵”的优惠活动，也可以制作一款名为“愤怒的海绵”的游戏供用户免费下载，还可以设置 10 万美元奖金举办一场“最整洁妈妈”大赛。没错，等优惠活动结束、礼物发放完毕，有些人就会不再关注 NeetFreek，但肯定还有一群人愿意留下来并试着了解它。

如果推广活动与品牌内涵密切相关，则可能在消费者心中引起前所未有的共鸣。最成功的赠送礼品活动当属Office Max公司于2006年发起的“自己做精灵”活动。Office Max公司发布了一款软件，这款软件可以将公众上传的个人照片制作成跳舞的圣诞小精灵。这款软件吸引了超过5亿人的关注，OfficeMax公司借此销售掉了大量办公用品，还因此将圣诞小精灵作为公司节日常规赠品。另外，OfficeMax公司还保存着每一个活动参与者的电子邮箱。

大家不仅只爱赠品，其他类型的奖励也行得通。南非的汉堡连锁店Wimpy通过提供盲文菜单的方法，实现了为15位盲人送去欢笑的目标。在其广告代理公司Metropolitan Republic的建议下，Wimpy精心烘焙了15个面包，并在面包上用芝麻拼写了盲文“100%纯牛肉，为你而制”，并将汉堡分给3家机构的视障人士，收到汉堡的人开心万分，于是用盲文把这段经历分享到一个有80万访问量的网络社群里。广告公司也将记录喜悦的视频上传到网络。YouTube的数据显示，有超过50万人观看过这段视频。视力正常的人虽不关注盲文菜单，但看到视障人士“读”出汉堡上的文字露出微笑时也跟着心情愉悦。

他人快乐也能让自己快乐。宝洁旗下男性护理品牌Old Spice的广告让主角伊萨阿·穆斯塔法（Isaiah Mustafa）声名大噪。之后，宝洁公司又以他为主角拍摄了一系列广告，这次宝洁邀请一批人直接与穆斯塔法交流，征求他和团队对新广告的看法。视频只保留了几个影响力较大的评论人，但这已经足够，这几段视频一经上传，平均观看人数就达到了2 300万。

开启一段友谊的方法之一是放发赠品，另外一种更好的方法是开口求助。开口求助有利于建立关系的说法听起来不太合理，但心理学文献对此的解释是：相比被你帮助过的人，曾经帮助过你的人更愿意再帮你一次，这就是“本杰明·富兰克林效应”(Ben Franklin Effect)。据说，富兰克林与一位反对派议员的关系非常紧张，对方甚至拒绝承认他的存在，这让他非常沮丧。于是，根据他在自传中所言，富兰克林想了一个办法：

> 我听说他的藏书中有一本非常稀缺的好书。于是我写了封短信给他，说我想仔细研读那本书，问他是否愿意把那本书借我几天。他立刻把书借给了我。
>
> 一周后，我还书时附上一张纸条，言辞恳切地表达了感激之情。当我们再次在众议院碰面时，他前所未有地主动与我攀谈，态度谦和有礼。从那以后，无论什么场合，他总是表现出愿意为我服务的态度。于是我们成了非常要好的朋友，我们的友谊一直持续到他去世。

富兰克林利用了一种叫做“认知失调”的心理反应。那位议员虽然厌恶富兰克林，不愿与他有过多接触，但又觉得自己作为一名绅士，帮助别人是基本风度，因而答应了借书请求。“借书给富兰克林”这件事给对方造成心理冲突感以及不愉快的情绪：他居然帮助了一个自己厌恶的人。为了化解冲突感，他只好停止厌恶富兰克林。至此，认知失调的现象消失了，两人反而成了终生的朋友。

通常情况下，诸如通用电气这类备受众人唾弃的品牌，通过向厌恶自己的人求助，也有机会改善彼此的关系。消费者心理学专家、Naked Communications 广告公司联合创始人亚当·费瑞尔说：“我确信一切认知失调都可以调整到最低程度。”

消费者时代，广告主要是为了强制说服或给消费者留下深刻印象，但效果往往无法持久。费瑞尔指出：“理性说服或情感说服很难改变消费者的行为模式。这种做法通常效果不佳，而且持续时间非常短。也就是说，企业只有不断劝说，消费者才会继续购买。”

向利益相关者求助，则是在不动声色地引导对方按照自己设计的剧本走，对方会自动调整观念、感受以及行为方式。费瑞尔表示：“与其逼迫公众改变对品牌的看法进而改变行为，不如先改变他们的行为再由他们自己调整看法。后者显然更有效。**企业可以通过向公众示弱求助，引导他们为企业付出，从而加深了解，建立和谐关系。如果消费者想要品牌的所有权，就给他们所有权**。最大限度地让他们与你的企业和品牌产生关联，让他们也成为品牌的联合创始人。唯有这样，他们才会更加忠诚。”

同时费瑞尔也留意到联合利华公司人不会打电话问消费者：“伙计，你愿意帮我搬家吗？”是的，求助也讲求技巧，而且赢得公众正面回应的方法还有很多。为对抗同类龙头企业川宁公司（Twinings），速溶咖啡品牌 Jarrah 邀请费瑞尔的广告公司为其制作广告。这条获得艾菲奖（Effie，*被誉为广告界的奥斯卡奖。——译者注*）的广告大大提高了 Jarrah 的知名度。这引得众多速溶咖啡品牌效仿。

一时间，各种速溶咖啡的广告装满了人们的邮箱。于是，Naked Communications 广告公司建议 Jarrah 改变公众获得咖啡样品的申请方式。用户必须登录企业网站，填写表单，选择自己想要的口味之后，Jarrah 公司才寄送样品。

广告公司的建议奏效了，用户蜂拥而至，Jarrah 公司只得提早停止供应样品。好消息是，Jarrah 咖啡销量增长了 11%，而且涨势再没有下跌过。

Jarrah 咖啡的成功让人印象深刻。但助其成功的消费者心理学似乎颇具操纵意味，这正好验证了消费者对广告的一贯看法。那么，企业凭借公众对认知失调的常见反应来攫取利益，是否与酒吧里落魄艺术家哄骗女人为他买单一样恶劣呢？费瑞尔并不这么认为。

他说：“企业不能为了一己私利而欺骗消费者。如果企业不回馈帮助过自己的消费者，刚萌芽的关系就枯萎。**跟所有人际关系一样，企业必须本着互惠原则，与消费者保持正面的、持续的价值交换。**”

“秘密”止汗香体膏声援女跳台滑雪运动员、支持戴安娜·纳亚德横渡、反对校园欺凌等活动，都是宝洁公司为“秘密”品牌追随者送去的礼物。让世界听到不一样的声音这一举动，也让星巴克的网上互动社区（MyStarbucksI-dea.com）蓬勃兴旺起来。

通过网上互动，星巴克收到了 28 000 多条与咖啡有关的创意，关于店内音乐选择、氛围营造、新产品的开发方向、企业的社会责任以及茶饮料的建议数不胜数。每条建议都表明公众越来越愿意参与星巴克的未来发展，将星巴克当成了自己拥有的品牌，甚至有“粉丝”建议把星巴克的绿色商标上再加几颗橄榄。针对“粉丝”提出的咖啡容易外溅的问题，星巴克在所有外带咖啡杯上都配备一根绿色的小棍，有效解决了“粉丝”的担忧。能够做到这种程度的品牌，不仅能激发公众的参与热情，甚至还能激发更深层次的合作。

步骤 6　促成质的飞跃：与公众合作

我们可以把这一阶段称为企业的“涅槃”期。本阶段内，在维恩图中与品牌有交集的消费者将成为品牌发展的外部力量，他们有可能成为企业和品牌的销售人员、公关人员、产品开发人员、业务顾问以及生产者。“秘密”止汗香体膏发起“让她跳！”活动、星巴克加强网上互动，都是为了获得更强大的外部力量。经过前 5 步的努力，与品牌有交集的消费者终于愿意与品牌合作。合作的结果远远优于品牌独立操作的结果，能够帮助品牌实现质的飞跃。例如，摇滚艺人贝克（Beck）2012 年发布的专辑里没有一个音符，只有空白的乐谱，因为他想邀请乐迷为他写歌。这不是单纯的合作，而是一种角色的转换，乐迷与音乐人之间身份的转换。

此类商界案例，要首推乐高公司关于玩具机器人的头脑风暴运动。有一群玩具机器人爱好者花费数月时间，自掏腰包为乐高公司设计新产品。得知此消息后，乐高公司邀请他们参加公司内部的头脑风暴。接下来的几年里，这些人经常在自己的社交圈里提及此事。没花一分媒体费，头脑风暴系列玩具成了乐高公司史上最赚钱的产品。

类似的案例还有卡夫食品（Kraft Foods）的“与卡夫一起创新”活动，卡夫食品直接向全球 80 亿消费者征集新产品创意，除了方便食用的奶油乳酪外，这次活动还催生了很多新产品。或许奶油乳酪并不能打动你，但卡夫食品的活动甚至引发了百吉饼（Bagel）爱好者对百吉饼生产商未来发展的关心。

美国世界宣明会也做过类似的事情，它曾呼吁捐赠者分享自己的故事。故事五花八门，道出了捐赠的原因与初衷：有的是子女走丢过，因而格外同情有同样经历的人，有些是出于宗教信仰和慈爱精神，有些仅仅因为内疚感而捐赠。世界宣明会就此推出了新活动：“哪个故事最让你感动？”更多故事涌现出来，这些或感人至深，或平淡如水的故事，传遍各大媒体和社交网络。世界宣明会并没有为这些媒体买单，是媒体自己选择为世界宣明会背书。社交时代强调共同受益，慈善机构在帮助别人的同时自己也收获了成功。

世界宣明会做得不错，但还没达到最好。只有那些能将消费者的合作转变为营销“永动机”的企业才是最好的榜样。这样的顶级案例在过去 50 年里也仅出现过三四例而已。这些案例广受褒奖，也被反复研究，然而很少有人真正理解其中的深意，甚至连专业广告营销人员也没能完全参透。那么营销人员是否抓住了些许精髓？看看他们在巴拉克·奥巴马竞选中的表现吧。

案例分享 CAN'T BUY ME LIKE

区区 6 人为奥巴马赢得 500 万选票?

我们要探讨的内容与政策、意识形态或奥巴马的“无畏的希望”(The Audacity of Hope) 没有任何关系。相反，我们要聊的是“无畏的绝望”(The Audacity Born of Hopelessness)。2007 年，奥巴马还没有成为一位魅力非凡、享誉全球的政治人物，当年他只是一个没有太多光芒的政界新秀，虽然也拥有一批为他神魂颠倒的支持者，但与民主党候选人希拉里·克林顿相比，奥巴马不仅缺乏知名度，竞选资金更是无法与对方相提并论。

然而奥巴马拥有总统候选人应该具备的一切优秀品质，包括那一小群支持者，虽然他们很少公开支持他参选，他们更像神秘的兄弟会或是在奢侈品店低调扫货的顾客。随着一次次胜出，竞选战略策划师知道，奥巴马的支持者将不断增加，他们会获得更加丰厚的竞选资金，支持者们也将开始发声，自觉为奥巴马宣传，提供他所需要的一切。

果然，在爱荷华州党团会议上，奥巴马筹措了大部分竞选资金。接下来，奥巴马需要面对的是州级初选，其中包括加州初选，那场竞选中将有数百名候选人争夺选票。离开爱荷华州时，奥巴马团队锐不可当。在加州，竞选陷入胶着状态，这意味着奥巴马的势头在减弱，当选的可能性在减小。

在此关头，两名新成员加入了奥巴马的竞选团队：年轻的杰夫·科尔曼（Jeff Coleman）和布伦特·梅辛杰（Brent Messenger）。在之前的工作中，他们负责激发追随者的热情，管理“粉丝”反馈的信息，如今他们需要让奥巴马那7万支持者充分发挥力量。

科尔曼说：“我们组建了一支开发团队，研发出一款软件。软件中，我们把选民详细分类，根据他们的支持意愿。我们的初衷是为不同的人提供不同的、更适合的信息，以便获得更准确的反馈。

“以上是线上的规划。在爱荷华州，为了赢得那10万选票，我们动用了400多位活动组织者。如果要完成在加州500万选票的目标，我们需要更多的志愿者。但我们的团队只有6个人。因此，我们打算用那款软件代替活动现场组织者。”

这次尝试取得了巨大成功。有了这款软件，支持者不仅可以投票，还可以直接与自己支持的候选人对话。这使得奥巴马的关注度呈指数上升，选民参与度也成倍增加。

通过这款软件，奥巴马的支持者为了宣传人员，在他们的推动下，奥巴马Facebook“粉丝”超过了500万，邮件订阅者超过百万，网络捐款300多万，大选前的每个月都有平均850万人访问奥巴马的竞选官网。虽然希拉里的竞选资金是奥巴马的30倍，她的“粉丝”数却只有奥巴马的0.1%。为了赢得204个议员的支持，希拉里花了3 000万美元。而奥巴马只花费100万美元就征服了166位议员。

在接下来的州竞选中，奥巴马竞选团队继续使用该软件及策略。在公众的高度支持下，奥巴马获得了更多竞选资金，最终成功当选美国第 44 任总统。

奥巴马的“逆袭”说明，品牌完全有可能与完全陌生的公众建立起亲密的关系。任何组织都可以成为公众生活的一部分，公众也会成为组织的拥有者。这种关系不是友谊，但胜似友谊。

永远未完待续的步骤 7　时刻审视自己的言行

我们不打算称这个阶段为最后一步，因为这会误导大家以为整个过程最终会完结。事实上，由于网络技术为品牌提供了足够的衡量工具和方法，因此衡量存在于任何阶段，由始至终且从不间断。

谷歌分析、Twitter 搜索以及其他信息调查网站、商业研究工具，都为企业实时衡量自身影响力创造了条件。哪篇文章或哪个话题引起了公众共鸣？哪些话题激起民愤？企业的哪些举动吓跑了支持者？这些问题统统可以找到答案。企业可以用成本低廉的社交媒体平台来测试和辅助传统营销，也可以轻易追踪竞争对手的数据。在这里要重申一遍，**企业发送出去的任何信息都必须符合品牌宗旨，而不是一味哗众取宠，或者鼓吹简单易行。**

需要提前说明的是，衡量过程容易让人气馁，因为影响投资回报率上升的因素非常复杂，相较于巨额广告费带来的大幅销量增长，社交时代营销方式的短期回报十分微薄。从这个意义上讲，从消费者时代到社交时代的转变，犹如从中西部的大农场主破产为一个只有一块小菜地的普通农民。更绝望的是，即便辛勤地松土、除草、浇水、施肥，菜地的受益也不会太高。然而，我们希望企业不要带着消费者时代的心态耕耘自己的“菜地”。我们参加过一次安利公司的会议，一位负责全球客户关系与社交管理工作的经理口若悬河，大谈直销领域中与客户对话是多么重要。紧接着，他谈到安利会根据消费者对信息的不同反应对其分类，进而将对话的价值最大化，方法就是复制那些效果不错的帖子的口吻或主题。

但这不是对话，这还是直邮广告。

企业使用社交媒体与消费者互动，目的不是只做正确的事情。这会剥夺社交媒体真正的威力，即自发性和真实性。与消费者互动不是为了征服消费者，任何建立友谊以外的想法都属于征服。与消费者的友谊建立在共同的利益和价值观之上，是一种价值无法估量的终身关系。在社交时代，企业要接纳各种客户关系、奇怪的提议、额外的要求，但不能操纵消费者，否则消费者一定会被吓跑。

CAN'T BUY ME LIKE

点『赞』之笔

企业使用社交媒体与消费者互动，目的不是只做正确的事情，而是发挥社交媒体的自发性和真实性来准确了解消费者，与消费者建立友谊。而只有建立在共同的利益和价值观之上的友谊，才能成为一种价值无法估量的终身关系。

在社交时代的种种不确定中，只有一件事情是肯定的：争取到一个客户就代表增加了一份远期利益。尽管吸引潜在客户既辛苦又不确定能获得多少收益，但我们还是建议，**在悉心照料交集中能带来高收益的“经济作物”的同时，请记得撒下或许能带来收获的种子，毕竟种子的成本低到可忽略不计。而且，那些已经结果的植物会将新种子播撒下去，让其遍地发芽，处处开花。**

由于 NeetFreek 海绵是一个我们虚构出来的品牌，我们可以随心所欲地设计传播方式，比如 NeetFreek 海绵从不花钱做广告，完全依靠口耳相传发展壮大，或者，消费者对 NeetFreek 海绵的喜爱已经到了不能容忍其他牌子海绵存在的地步。

NeetFreek 海绵确实是虚构的，但助其成功的营销原则真实无比。正如可口可乐的首席营销官乔伊·特里波蒂（Joe Tripodi）所说：“可口可乐之所以如此成功，是因为可口可乐抓住了社交营销的精髓，企业要想与消费者建立完美关系，就要找到一个既有亲和力又足够独特的卖点。”这就是我们所说的交集。

CAN'T BUY ME LIKE

第9章

关于制造疯赞的六大忠告

为什么“愤怒的小鸟”发布不到24小时，下载量就超过100万次？为什么比尔·盖茨、霍金、李彦宏纷纷接受冰桶挑战？产品和行为疯传的秘诀是什么？吸引公众自动参与品牌宣传，需要什么样的技巧？

不同的切入点会产生不同的结果，想知道营销方法是否奏效，最直接的办法就是将其付诸实践。

捷径是成功最大的敌人。

——佚名

◆◆◆第9章◆◆◆
关于制造疯赞的六大忠告

社交媒体虽然功能繁多，但它毕竟不会魔法。这显然不符合一些大胆探索新世界的勇士们的期望。Facebook、YouTube、Twitter的确都是革命性的沟通渠道，但将这些平台当成有魔力的广告输送机，等于是披着社交时代的皮囊却保有消费者时代的灵魂。本书作者之一看过一家预测机构为客户提供的Facebook报告，报告中有这样一句话："营销人员正在利用社交媒体，培养消费者的忠诚度，并反复促成交易。"报告还阐述了包含三个要点的战略，前两点是培养社群并进行对话，非常合理。但第三点有些问题：利用对话促成交易，进而实现经营目标。

这项旨在说明社交营销有效性的战略，有一条糟糕的建议。没错，成交是所有商人的关注点，成交量当然越高越好。企业在社交媒体平台上的所有付出，都是为了吸引更多人购买产品和服务，而真正的社交营销同样能实现这一点。如果企业能成功地将消费者变成支持者，与他们开诚布公地交流，真诚分享彼此的重要信息，建立起忠诚和信任，企业的业绩自然会上升，资本回报周期自然会缩短。但如果企业培养社群、对话客户的目的是把对方变成刀俎间的鱼肉，那么这并不是社交营销的本意。如果你认为引诱亲朋好友进入你的社交主页是建立商业关系的正确方法，那我们建议你还是加入安利吧，同时别忘了每天观看数百遍励志短片。

刚刚提到那家预测机构还给客户提供了第二套方案：采取内容营销战略。其中大部分内容完全正确，只是有相当一部分与社交营销无关。企业的发展史、产品说明书、产品卖点以及诸如此类的废话，只是单纯的“广告”，并不是消费者关心的话题。在对话中不断以“我”开头，属于缺乏教养的表现。比如：

> 欢迎光临，我们尊敬的客人！在成为我们客人之前，我们有必要了解一下彼此。首先，请允许我来告诉你我们是一家多么优秀的企业。我们在以下各方面表现得异常出色……

在社交场合中，越是殷勤卖力，越说明了底气和才气的缺乏；越努力亲近，越容易被拒之门外。与公众建立关系时，企业不应生硬模仿时下流行的做法，也不要敷衍应付，应该将这种尝试视为一段重新评估自我、挖掘企业使命、探究企业存在理由的旅程。如果旅程的唯一终点是“更高销量”，企业的未来可能不够光明。如果企业认为与公众关系的建立是从零开始，品牌过去的形象可以完全抹杀，那估计企业的未来会更加黑暗。

做好被泼脏水的准备

富兰克林·罗斯福先后四次当选美国总统，执政期间通过大刀阔斧地改革带领美国走出 20 世纪 30 年代的经济大萧条。他还为美国东部的阿巴拉契亚山区送去电力，击败了希特勒，鼓舞了美国人民的士气。总之，罗斯福政绩不俗，然而他也是美国最不受尊敬的总统之一。即便在过世近 70 年后，在某些地方，罗斯福依然是社会主义者、推崇阴谋的犹太人以及专制主义者的代名词。在 Twitter 上搜索罗斯福，既能看到“现代史上最伟大的总统”这样的正面褒奖，也能得到“轮椅上的斯大林”这种的负面批评。网络世界里，人们可以畅所欲言，自由表达。

在这样高度透明、超级链接的社会，企业显然要记得随时征求全世界的意见。**不论实力多雄厚、影响力多强大，企业都不可能阻碍外界的声音**。事实上，越是根基深厚的企业，暴露的信息越多，公众的评价也因此越丰富。

在过去 60 年，通过为提供 990 亿份富含脂肪、盐分的标准化快餐食品，麦当劳建立了快餐王国。麦当劳实际上并非罪恶滔天，但它的存在的确让很多人“饮食不当”。同时，对低价牛肉和大豆鸡饲料无穷尽的追求导致南美森林被过度砍伐，温室气体超量排放，食品包装袋填埋了垃圾场。麦当劳在全球的快速扩张，让快餐文化成了美国的象征。

那么麦当劳该怎么办？解决问题的方式有三种：一是出动公关部门斡旋，二是强行扭转公众看问题的角度，让企业行为变成善举，三是双管齐下，让一和二并存。

麦当劳可能会选第三种：投入巨资解决公众质疑的同时，制作大量宣传广告，改变企业形象。前者将为麦当劳披上环保的柔和光环，它将成为有社会责任感、关注全球环境的良心企业；宣传广告方面，麦当劳把焦点在集中在食品原料上：他们把面粉、鸡蛋、土豆描绘成绿色地球的产物，它们被卡车运送到阳光明媚的乡下，麦当劳只不过是当地的乡村家庭，一切都来自伟大地球母亲的馈赠。

这样的催眠的确能减轻麦当劳自身的负罪感，再度蛊惑现有追随者，但这种做法只适用于信息可控的时代。当今社会，即便每年20亿美元的广告费，也不能掌控丝毫信息。数十年权力金字塔顶的操纵感让企业以为自己法力无边，但社交时代把他们从塔顶拉了下来，企业却仍然执迷不悟。麦当劳曾经通过赠送机票和其他赠品表达过善意，这是一种进步，那何不再迈进一步，直接邀请忠诚的支持者为它宣传呢？

当然，忠诚的消费者不会放过参与建设喜爱品牌的机会。问题是，正如罗斯福的经历所示，厌恶该品牌的人也会贡献意见。2012年1月18日，终于不再自我迷恋的麦当劳在Twitter上发起了“麦当劳的故事”的话题。

向微博控们征集与麦当劳有关的逸闻趣事，这是个不错的点子。这么多年里，麦当劳积累了数以百万计的周边故事，其中有温暖人心的亲情、浪漫甜蜜的爱情、感人肺腑的友情、对流浪者的同情、意料之外的相遇、来自陌生人的慷慨，每个故事都散发着人性的光辉。人人都有可分享的回忆。

本书的作者就有一个另类的人性故事要分享。几年前的一天，他准备去医院接妻子以及刚刚出生的二女儿回家，途中他带着快满3岁的大女儿走进一间麦当劳，说起她已经是一位姐姐的事，并跟她保证新家庭中她依然很重要。大女儿开开心心地吃了三个迷你汉堡，喝了一杯橙汁，然后打算坐在爸爸的肩膀上，开始全新的家庭生活。结果餐厅天花板上的吊扇差点划伤孩子的脖子，万幸的是最终孩子头上只留下一个包，但是这种经历让人毕生难忘。

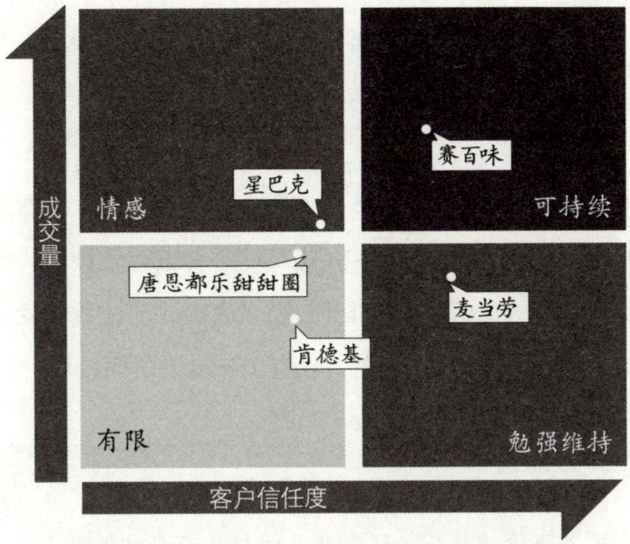

图 9.1　快餐行业的品牌可持续性地图

相比于那些让人难堪的指责，麦当劳或许更愿意看到这个吊扇故事。由于收到的大多不是什么温馨的回复，《福布斯》杂志称这次活动为“围殴麦当劳”。麦当劳在品牌可持续性地图的位置（图 9.1）说明对它心怀不满的人不在少数。对此，明智的做法是认真听取批评，找出引发不满的因素，并努力改进。然而召开群众大会要警惕一点，最大限度地提供话语权后果可能非常可怕，因为批评者也可能接过话筒，并发表一下言论：要警惕一点，最大限度地提供话语权也很可怕，因为批评者也有可能接过话筒，并发表以下言论：

- 在外带包的底部找到一个用过的止血贴；
- 我曾在麦当劳工作，有些故事能让你们毛骨悚然；
- 我的巨无霸里有一根头发；

- 好多年没去过麦当劳了，我宁愿吃自己做的东西而拉肚子；
- 我有机会从事现在的营销工作，主要得感谢麦当劳，它免费给我上了一堂非常棒的营销课。

这些顾客评论也给麦当劳上了一课生动的营销课。迅速结束本次营销推广后，麦当劳的社交媒体负责人对活动进行了评估，接受《洛杉矶时报》(*Los AngelesTimes*)采访时说："这次活动让我们受益匪浅。"他还指出，所有麦当劳的故事中，只有 2% 属于负面投诉。

CAN'T BUY ME LIKE

点『赞』之笔

社交媒体是用来聆听的。某种意义上讲，差评比好评更有价值，差评让企业关注起从前忽略的漏洞、令人无法取舍的选择或是缺失的功能。在社交媒体兴起之初，企业往往对负面评论消极抵触甚至试图抹杀。但实际上，要修正评论，最好就是修缮它们所揭示的问题。与心生不满的消费者诚心交流，了解他们的问题，进而反观自身，订正问题。

麦当劳的经历充分反映了众多企业不信任社交时代、畏惧社交媒体平台的原因——这头野兽可能会反噬你。出于对公众的信任，麦当劳开始征集原创故事，然而得到却是"用过的止血贴"这种令企业尴尬的答案。当然了，麦当劳本意并非搜寻原创故事，它要找的是利于品牌宣传的正面信息，而不是批评或者指责。他们误以为这项活动只会收获可以改善公共关系的逸闻趣事，事实证明，这完全是种臆想。

或许在麦当劳总部伊利诺斯州，人们会认为在麦当劳用餐就跟在家吃饭一样健康又舒心，但其他地区的消费者可不会这么想。即使麦当劳最忠实的“粉丝”、最敬业的员工也不一定会与企业站在同一阵线，因为最了解企业优点的人也最知道它的弱点在哪。熟悉有时会产生崇敬和信任，但也更容易带来轻蔑和鄙视。

娱乐性，让你的产品像病毒一样疯传

尽管精于世故的业务员误解了 Facebook 和 Twitter，但至少他们在尝试了解社交网络。至于那群投入大量资金和资源进行广告宣传的营销巨子，他们才是完全无药可救。

习惯于用广告愚弄大众的营销人员，坚持在 Facebook 和 Twitter 上投放免费广告，他们深信公众依然会不加分辨地信任企业。他们相信只要广告重复次数够多，就能找回公众的喜爱。然而，是时候与过去道别了，在社交时代，请对以下失败的营销案例引以为戒：汉堡王的小鸡侍者、贾斯汀·比伯、宝洁公司的Old Spice系列广告、苏珊大妈、能碾碎 iPhone 手机的 Blendtec 牌搅拌机以及“查理咬我手指”（Charlie Bit My Finger）视频。

毫无疑问，以上案例鼓舞了成千上万的营销人员。把 iPhone 碾碎的 Blendtec 搅拌机视频，播放次数达到 20 亿，“查理咬我手指”视频的点击量超过 5 亿，贾斯汀·比伯的视频在 YouTube 上的浏览量高达 30 亿。这是不是说明，社交时代为企业提供了以最低成本创造最大收益的可能？

绝对不是。贾斯汀·比伯、苏珊大妈都是歌手，他们的病毒视频都是音乐视频，也就是免费的表演。视频的确宣传了他们代言的品牌，但其实真正的产品是他们自己。“查理咬我手指”的视频则属于天然偶得，是意外产生的搞笑视频，完全没有任何商业意味。在这些受欢迎的视频中，只有 BlendTec 搅拌机以及汉堡王的小鸡侍者与品牌营销有关，但它们的影响力也绝不可能长久。

根据在线视频分析公司 Visible Measures 的报告，即使投入巨额资金，84% 的企业视频点击量都无法超过 100 万。没有大额资金推动的情况下，浏览量能突破 50 万次的视频只有 0.2%。《纽约时报》市场营销部进行过一次调查，将公众分享信息的动机进行分类，调查结果如下：

- 内容有价值且具有娱乐性；
- 向他人展示自我；
- 保持并巩固与朋友们的关系；
- 自我满足；
- 表明态度。

Marketing Evolution 公司的创始人、投资回报率研究专家雷克斯·布里格斯（Rex Briggs）说，首先，以低关注度的产品为主题的视频，分享度往往不高。雷克斯用夸张的语气举例道："要对史泰博(Staples，全球领先的办公用品公司。——译者注)的 A4 纸多么满意，我才愿意与他人分享呢？"但是他收集的数据显示，即便是参与度高的产品，例如汽车，如果品牌意图过于明显，也会降低公众的分享意愿。"某种程度上，当销售意图压过信息价值时，消费者的分享意愿就会开始下降。这与品牌知名度无关，更多的是大家对于强买强卖的本能抵触。"

想了解更多品牌与消费者接受度之间的关系，可以参考哈佛商学院助理教授泰勒斯·S. 特谢拉的研究结果。他和同事使用眼球追踪装置在“跳过广告”的测试中，得出了这样的结论：**“消费者在潜意识里拒绝强加的品牌形象，他们讨厌被说服”**。

消费者追求品牌，但不喜欢被品牌追求，因为对他们来说，追求喜爱的品牌是一种享受。为了弄清楚什么样的广告更讨人嫌，泰勒斯和同事利用红外眼球追踪技术对2 000名消费者进行了调查。他们发现，不管是不是自己喜欢的品牌，观众都会在品牌标志出现之前切换频道。这并不是观众好奇心得到满足的结果，因为即使是首次出现的广告依然难逃此劫。

此外，广告时间过长、品牌标志太显眼等都会降低收视率。没错，人们喜欢商品，尤其偏爱酷炫的物品，但讨厌被愚弄，被电视广告愚弄更是不能忍受，这样也就不难理解他们被广告打扰时的反应了。然而仍然有那么几个行业，包括可怜的、愚昧的广告业在内，偏要与人性甚至自然法则作对，认为自己有能力与之抗衡。

CAN'T BUY ME LIKE

点赞之笔

惊喜是信息娱乐性之一，提高惊喜价值的关键因素之一是突破预期状态。当企业提供的信息超过公众心理预期，必然会给其带来惊喜，进而提高了信息被分享的可能性。如果增加了实现或者频繁性的限制，惊喜信息的吸引力将进一步加大，信息传播速率也将进一步上升。

与现实世界的病毒一样，网络病毒也符合流行病学的构造，广告传播的原理与传染病的传播方式类似。唯一的区别是，尽管存在无数种病原体，但人类社会中很少出现大规模病毒蔓延的现象。值得欣喜的是，两者在传播速率上的共性：如果携带传染性病原体的个人将病毒传染给一个人，传播速率即是1，感染人数将以这个基数呈缓慢的线性增长,直至某个受感染的个体停止传播病毒。一旦传播速率大于 1,被感染者数量就有可能呈指数增长，也就是会引发所谓的“流行病”。

例如，一个未接种麻疹疫苗的人，其麻疹传播速率是 17。1918 年西班牙爆发流感，死亡人数达世界人口的 3% ～ 6%，而其病毒传播速率也只有 3。感染埃博拉病毒（Ebola virus）的死亡率高达 90%，且这种病毒无法通过接种疫苗预防，但人类并没有因它而灭绝，原因在于埃博拉病毒只能依靠体液传播，传播速率低于 1。

说到这里，一切也就清楚了：如果企业想要进行病毒营销（Viral Campaign），只要制作一段比埃博拉病毒传染性强的视频即可。然而要做到这点并不容易，**因为如果视频中涉及品牌的内容超量，观众就会启动“自我防御机制”，大大降低视频的传播速率**。然而，传播速率大于 1 的视频并不是刻意制作就能得到的，因为那意味着每个视频观看者的传播次数都要在 1 次以上，所有被传播者中又必须至少要有 1 人再次传播。

传染病的传播速率大于 1，但数量相对较少，它们通常是数百万年进化和自然选择的产物。因此，尽管营销人员每天都在绞尽脑汁设计传染病级别的视频，但就概率而言，成功的可能微乎其微。

如果哪个人声称他的创意能打破概率迷信，克服观众对营销信息的抵制情绪，刷新流行病的传播速率，那么我只能建议消费者看好自己的钱包。失败往往不可预测。

想飞上天？先制造台风

Visible Measures 公司的布莱恩 · 辛（Brian Shin）说：“如果没人点击，即便是世界上最棒的视频，也不可能传播开来。”

如果只是将视频上传到网上，那就相当于把一颗钻石丢进撒哈拉沙漠，钻石被找到的可能微乎其微，视频被传播开的概率也低到几乎为零。上传至Facebook或许有所不同，但Facebook复杂的算法只能让信息在一定圈子里传播，难以广泛蔓延。

因此，为刺激传播，营销人员必须首先找到第一批观众，通过挑选最适合的发布平台，甚至付费推广。从流行病学的角度看，这相当于把埃博拉病毒置于更利于传播的环境里，才有可能形成病毒式传播。用营销界的行话说，这是在“播种”。

> 广受褒奖的汉堡王小鸡侍者的视频，观看人数达数百万人次，其成功一方面要归功于汉堡王在全国范围内的营销投入，这番努力大面积播撒了“种子”。
>
> 不管人们是因为口耳相传听说了这个视频，还是通过造价数百万美元的电视广告得知此信息，都是营销的功劳。这段视频的轰动性，甚至引来媒体记者的关注，他们将它视为一个传奇，是病毒营销的奇迹，而完全忽略了其广告性质。这进一步播撒了“种子”，为视频赢得更多点击量。

从2009年起，Visible Measures公司对7 000多项符合病毒营销标准的营销活动进行了追踪调查。研究发现，几乎所有病毒营销都需要通过广告推广以积累浏览量。

据统计，企业推广网络视频的广告成本高达31.2亿美元。布莱恩·辛表示，这个数字还在以每年6亿美元的速度增长。他说：“能大范围传播的病毒视频，往往是娱乐性和品牌内容的综合，并针对受众特性选择最合适的发布渠道。”

用"亚病毒"为病毒营销造势

如果病毒式营销威力如此之大，何必还要借助付费媒体？答案就是付费媒体可以实现亚病毒传播（Subvirality）。

亚病毒传播是指传播速率低于1的营销行为。亚病毒传播的目的是抢占消费者心智空档，为品牌积累人气。通过扩大亚病毒营销规模，付费广告的投资回报率将提高，观众二次传播、分享推荐的可能性增大，进而提高品牌的关注度和信任值。

布莱恩·辛还提到，虽然亚病毒的抵达率相对较低，但观众的分享推荐与视频的最终传播范围紧密相关。"然而有关联并不代表存在因果关系。"他说，"我们正在努力证明亚病毒视频的点击量、分享量直接影响着品牌销量和企业股价。"

布莱恩·辛补充道："然而付费'播种'以及亚病毒造势联合也并不意味着一定能引发一场'品牌流行病'。记住，埃博拉病毒只通过体液传染，因此它只会在最亲密的人之间泛滥。这就是说，真正的传染病级别的视频，必须有俘获整个社群的能力。对此我的建议是公**众才是一切营销的中心，消费者掌握着企业的命运。一切营销活动都必须围绕消费者展开。**"

点『赞』之笔

亚病毒传播的目的是抢占消费者心智空档，为品牌积累人气。通过扩大亚病毒营销规模，付费广告的投资回报率将提高，观众二次传播、分享推荐的可能性增大，进而提高品牌的关注度和信任值。

前问提到，消费者时代迎合消费者的心态必须让位于明确的企业核心目标，这似乎与布莱恩·辛的建议相违背，然而事实上两者并无冲突。有效的营销活动必须是企业核心目标和公众利益的结合体，但如果网络视频不是隐藏意图、改头换面的电视广告，那么它应该是什么？当然是一种广告永远无法企及的东西。此外，营销活动也并非一定要涉及娱乐消遣，专业杂志或者特定电视频道的广告同样行得通。视频也可以针对特定人群，讨论他们感兴趣或者信服的主题。

通用磨坊旗下品牌贝蒂妙厨（Betty Crocker）出品的美食视频就是一个很好的例子。他们的视频很少与Old Spice、BlendTec搅拌机等著名营销案例相提并论。因为它存在的目的不是成为“必看视频”，不是为了在世界各地的上班族之间流传，而是单纯地为了教女性烘焙各种造型的蛋糕。过去5年，这些教学视频在1 500多个网站上被观看了近7 000万次。其中如何制作公主蛋糕的视频观看次数超过百万,成为该系列之最。至今,本系列视频每天的点击量仍有5 000次。

贝蒂妙厨的广告商TouchStorm公司没有投入任何媒体成本就吸引了7 000万人的眼球。在明尼阿波利斯的实验厨房完成拍摄之后，TouchStorm公司将此系列视频直接出售给出版商，并根据点击量收取费用。相信这7 000万的观众中，很少有人是为了找乐子，绝大多数人都是冲着学习制作蛋糕而来。这类似于纸媒的社论式广告，虽然TouchStorm公司的创始人兼CEO艾莉森·普罗沃斯特（Alison Provost）并不喜欢这种说法。

“我们制作的视频是在传递品牌信息，而非娱乐大众。”普罗沃斯特说，“**我们没有把它们当做营销工具，只是想侧面显示贝蒂妙厨的专业性，展示品牌擅长的领域**。如何护发这个问题，你可以问1岁的小孩，也可以问潘婷。我们的职责就是让你知道，有潘婷这样一个更好的选择。”

不仅某些企业是业内翘楚，就连他们的客户也是出类拔萃。当无线电器材公司睿侠（Radio Shack）抛弃其核心 DIY 客户转投移动手机业务时，就错过了一个利用社交网络汇聚客户智慧，解决各种技术问题的大好机会。首席营销官李·艾普鲍姆曾在美国广告主协会召开的年度营销大师会议上承认，睿侠确实错失了良机。

卖品牌不如卖故事

虽然企业自制视频有利于扩大品牌知名度，提高产品销量，但通常成本高昂。也正是因为高昂的成本，制作出来的是总是会过分强调品牌。然而，**越是强调品牌，得到观众喜爱的可能性就越低，分享传播的阻力就越大**。这种乔装后的广告，更容易被公众认为这是在投机取巧。相较于赤裸裸的广告，这类视频更不容易得到信任。你会把钱给乞丐，还是给某个演技拙劣的骗子？

另一方面，信任需要积累。在与消费者建立交集的第 6 阶段中我们讲到，随着时间的推移，企业会与消费者培养出一种类似亲友的关系。但形成这样的关系之前，企业分享的信息应该是品牌与消费者都关心的内容，而不是企业自身的信息。《策展国度》（*Curation Nation*）的作者史蒂夫·罗森鲍姆（Steve Rosenbaum）同时也是 Magnify 网站的创始人，Magnify 是一个由成千上万高度垂直渠道组成的视频聚合网站，汇集了品牌、出版商以及猎奇心理超强的网民。在 Magnify 上有一部分是企业制作的任何频道都能看到的视频，大多数是任何人都可能感兴趣的内容。史蒂夫和我们一样，很好奇为什么这样的视频聚合平台不能吸引到更多的企业和品牌？

史蒂夫说："职业视频制作人在工作室或在舞台上设计出的内容

缺乏真实性。真实的视频通常来自真实的生活。'查理咬我手指"就极具真实性，查理只是个普通小孩，被咬手指的是他亲哥哥。显然，这段视频击中了那些家长的软肋，他们也有孩子，也曾在开车的时候转过头威胁小孩：'你们俩再这样闹，我就要把车停在路边了。'所以这段视频才播放了5亿次。这就是真实的力量。

"邦迪创可贴（Band-Aid）打温情牌会怎样？这相当于企业将从产品制造商变成情感布道者。如果邦迪创可贴每周都在网上搜索'受伤时刻'的视频，然后把其中的精华内容整理发布出来，我敢说类似'查理咬我手指'的视频将层出不穷。

"然后，邦迪创可贴可以确立主题，例如每周收集那些滑板男孩跌倒过程的视频，主题名字可以叫做'伙计，那一定很痛'。没有任何极端内容，也没有什么危险内容，顶多是些微擦伤。

"很多品牌都可以围绕'品牌故事'展开视频营销，内容真实，数量、类型不胜枚举。这相当于在邀请你的客户书写品牌故事。热情的"粉丝"会分享他们制作或发现的视频，然后企业筛选出精品加以传播。品牌这位"传教士"必须全程陪伴，才有可能日渐壮大。**种种数据表明，公众在抵制光鲜亮丽但华而不实的'企业'消息的同时，对自己参与的作品则情有独钟。"**

CAN'T BUY ME LIKE

点『赞』之笔

早期的文学创作者将历史教训融于故事情节之中，以确保让更多人接触到这些教训，直到广为流传，达到直白的叙述无法产生的效果。人们往往将直接的告诫置之脑后，而愿意一再复习那些跌宕起伏的故事。而当人们关注故事时，附着其中的信息也就悄然传开了。

或许你觉得史蒂夫是在强词夺理，但他的身份证明这段话话可信度很高，正是他首次提出让消费者参与视频制作。20 多年前，他将数码相机邮寄给全国各地的青少年，邀请他们拍摄自己的故事，开创性节目 MTV Unfiltered 由此诞生。

史蒂夫不是唯一有经验的人。本书作者之一有一对双胞胎孙子，才 7 个月大，YouTube 上有一段他们吃相特别难看的视频。视频仅 22 秒，是家人用手机拍摄的，双胞胎正狼吞虎咽蓝莓和红薯泥。挂在哥哥奥伦嘴唇周围的食物让他看起来像《摩登原始人》里的弗雷德·福林斯通。镜头外他爸爸说："奥伦，你吃相真难看，但还是比你弟弟奥斯卡斯文多了。"接着，骄傲的父亲将镜头对准了奥斯卡，他满脸都是食物残渣，红薯泥都吃到了眉毛上。父亲忍不住哈哈大笑，但是奥斯卡对此毫无反应，他呆若木鸡，像刚参加完"吃馅饼比赛"的英国首相丘吉尔。

这样一个生活小片段吸引了上百万观众，以及《艾伦秀》(*The Ellen DeGeneres Show*) 和当红节目《托什》(*Tosh.0*) 的关注。YouTube 上的宝宝视频无数，为什么唯独这段视频吸引了众人的目光？视频里既看不到大脚野人，也没有会说话的小猫，仅仅是两个表情木然的婴儿和镜头外咯咯大笑的父亲。

这是人为干预的结果。

这对双胞胎的阿姨米瑞·怀特希尔恰巧是一名营销人员，是她说服孩子的妈妈将这段全家最爱的视频传到 YouTube 上。米瑞说她很好奇，想搞清楚一段无关任何企业，也没有付费播种的视频，最终会有怎样的命运。

"我是第一次发布婴儿的视频，但这一切并非凭空发生，我做了不少工作。虽然我算是个业内人士，但我不想动用任何关系。我只是想知道一个普通人会怎样处理这段视频。我传播视频的方法是访问每一个妈妈的博客，跟她们讨论分享。”

米瑞说：“这些人气全部来自一切免费的互联网。我既感到吃惊又觉得有趣，企业花重金希望达成的目的，实际可以免费实现。我甚至有些嫉妒奥斯卡和奥伦了，他们现在肯定比我出名。”

如果视频中没有任何品牌信息，公众还愿不愿意分享传播？答案不言而喻：即便视频里没有大牌明星或大脚野人，它的点击量也会超过企业重金聘请世界级广告公司制作的病毒视频，因为根本没有人愿意看广告。那么为什么企业仍要迷失在大量华而不实的广告中，而不是效仿《艾伦秀》的做法，在网上搜索可能吸引公众关注的视频，通过电子邮件、社交网络、付费播种渠道进行分享呢？分享而不是销售，寻找共同兴趣点，分享有趣、有用的信息。最重要的是，全部免费。这才是社交时代正确的做法。

趣味性是检验一切营销活动的真理

有很多企业以为自己已经掌握了社交营销策略，但实际上它们只是换汤不换药。不少企业投身社交媒体平台只为寻找噱头或干脆只是为了赶时髦，因而做出贻笑大方的尴尬事，甚至造成悲剧性结局。要当心，正确运用社交工具才能带来闪闪黄金。正如很多营销人员已经认识到的那样，真实无法伪造。神通广大的互联网让各种信息实现了光速传播，企业随时有机会因丑闻登上报纸头条。

因此，不要假装真诚，不要阿谀奉承，不要粉饰或“漂白”自己，不要购买善意，不要以慈善之名行骗，讲真话的同时谨言慎行，坦白交代过去模糊处理的内容，例如成本结构或生产上的失误。在一段彼此信任的关系里，你的朋友懂得体谅宽容，愿意与你患难与共。

企业发起视频分享、照片分享、博客分享以及其他网络互动时，不要伪造信息。原因显而易见，过去蒙骗公众的企业统统付出了惨痛代价，前车之鉴比比皆是。

CAN'T BUY ME LIKE

点“赞”之笔

不要假装真诚，不要阿谀奉承，不要粉饰或“漂白”自己，不要购买善意，不要以慈善之名行骗，讲真话的同时谨言慎行，坦白交代过去模糊处理的内容，例如成本结构或生产上的失误。

2012年4月26日，两辆黑色公交车突然停靠在悉尼一家苹果公司直营店前，一批黑衣抗议者鱼贯而出，举着“醒醒吧”（Wake Up）字样的黑色硬板。冲着店内员工和顾客，这群打扮得像忍者的“纠察员”反复嚷嚷着“醒醒吧”，一时间场面混乱。后来人们把此类人群称为“快闪族”，其幕后组织者以及目的尚不清楚。巧合的是热门视频博主内特·伯尔（Nate Burr）当时正在店内，他立刻奔出去拍摄下全过程。还专门发表了一篇博客讲述自己偶然目睹的奇怪事件，并大胆猜测谁会是这场营销游击战的幕后黑手。

内特向公众提问：“什么目的？主谋是谁？如何做到的？”起初人们纷纷将矛头指向三星集团，直至有网友跟踪到“醒醒吧”网站页面源代码与黑莓手机制造商RIM有关。但是，内特本人曾在RIM工作过，这场表演他是否也参与其中？

据内特所言，他只是碰巧在现场拍下了那段视频，但网友可不那么好蒙骗。后来怒气冲冲的内特发表了另外一段视频，谴责网友散播谣言，却避而不谈自己和 RIM 的关系。结果证明，黑莓公司栽在了自己的几行代码上，搬起石头砸了自己的脚。著名博主史蒂夫·伦丁（Steve Lundin）对“醒醒吧”事件的看法如下：

> 澳大利亚的这场营销噩梦，反映了黑莓公司的困境。RIM 召集假暴民在苹果万能的“庙宇”前上演了这出戏码，表明自己既困惑又无奈。“醒醒吧”向市场传递了怎样的信息？是全世界都喝了苹果公司的迷魂汤，现在该醒过来面对自己的内心吗？是想说明人们真正想要的其实是黑莓手机吗？这与《美国偶像》首轮即遭淘汰的选手抱怨贝多芬、查尔斯·明格斯和布鲁斯·斯普林斯汀是一群无能的业余爱好者有什么区别？黑莓公司的行为不免有些幼稚。

沃尔玛的“环美沃尔玛购物记”、零度可口可乐的 the zero movement 博客以及麦当劳的 4Railroads 跟黑莓的快闪性质相同。这些品牌用自己伪造的信息误导消费者，欺骗社会。不得不说，时不时就有企业被爆出这样的丑闻，实在让人沮丧。这类欺骗表明企业不仅普遍误解社交媒体，而且完全不知道自己错过了什么，他们眼睁睁看着展现真实自我、获得公众喜爱的大好机会从面前溜走。

在利用社交媒体平台宣传形象这一点上，西南航空公司值得表扬与学习，他们从不避讳飞行旅途中的尴尬情景，而且能够用独特的方式表达自我。

> 2012 年末的一次长途飞行中，当发放飞机餐时，空姐曼迪和拉伯娜拿出装在袋子里食材，询问有哪位乘客愿意现场

制作。曼迪把第一道菜称为酸橙饼干面团套餐，里面包括一块坠毁飞机模样的饼干、奶油和一片柠檬。第二份套餐是花生酱，有位乘客把花生酱涂成了饼状。后来，飞行员也参与进来，他的作品出乎意料：用热巧克力粉和奶油混合制成的巧克力慕斯。乘务人员和乘客就着“慕斯”吃了自制的迷你椒盐卷饼。后来，机组人员还公布了获奖者名单，所有参与者都乐在其中。

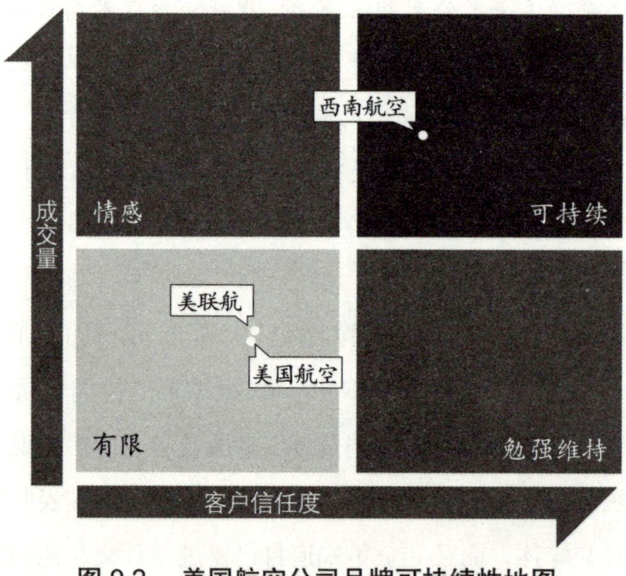

图 9.2　美国航空公司品牌可持续性地图

企业表现自我的渠道很多，包含广告在内的付费媒体、自媒体（例如，贝蒂妙厨的视频教程）以及受到外界关注后的免费媒体。之前介绍了很多“务必不要做的事”，而西南航空的做法算是我们强烈建议“务必做的事”。因为，**有趣的商家远比满嘴谎言经销商要可爱得多。**

CAN'T BUY ME LIKE

第 10 章

一个社交营销独行侠的自白

社交营销基本原则适用于任何社交场合，利用它，一个 22 岁的女孩单枪匹马对抗美国第一大商业银行，并成功让银行让步；因为它，一位工程学出身的供应链经理在顽固的银行业开凿出一条通途。当坐困愁城、孤军奋战，他们是如何首先将自己营销出去的？

敢为人先，与众不同，诚实正直，与安分守己、老生常谈、平淡无奇作斗争。

——塞西尔·比顿（著名摄影师、服装设计师）

第10章
一个社交营销独行侠的自白

塞西尔·比顿，20世纪最伟大的英国摄影师之一，曾两度获得奥斯卡最佳服装设计奖。正是由于他担任《窈窕淑女》的服装设计师，摆脱了传统的爱德华七世时期的风格，才创造出极具异域风情的当代时装，尽管在有些人看来有些古怪。企业不必如塞西尔·比顿同样激进，毕竟改变已经成为了必然趋势。历史的巨轮从未停歇，唯一的问题是，企业是被碾碎还是有幸攀附。

如果只有你听到地壳运动发出的隆隆声，企业的其他成员却没听到该怎么办？如果只有你愿意迎接社交时代，高层管理者却恐惧转变的后果怎么办？一个没有最终话语权的人该如何是好？或者说，出色的球员经纪人如何让始终成绩平平的球员脱胎换骨？一名普通的企业员工该如何影响周边的同事甚至老板？

我们即将在下文中给出这些问题的答案，但有必要先回顾一段糟糕的过往：

2011年秋，美国银行（Bank of America）在总统签署《多德—弗兰克法案》后，原本高达40亿美元的借记卡交易收入减少了一半。

为了弥补减少的收益，美国银行打算向商户收取22美分的“刷卡费”。

推行《多德—弗兰克法案》的目的在于提高金融服务行业的透明度，帮助消费者避免损失。美国银行取消了公众抱怨的“隐性收费”，转而宣布每月将收取5美元账户管理费。收费声明清晰明了，光明正大，理由充分。

22岁的华盛顿女孩莫莉·卡其波尔得知账户管理费一事之后，立刻在网上发起抗议，1个月内超过30万人响应。一时间，全美的媒体对美国银行口诛笔伐，伊利诺斯州的报纸出版公司Journal Register刊出标题为“让大银行为贪婪付出代价”的文章。5位民主党议员要求司法部进行调查，还有1位参议员建议客户转用其他银行。

伊利诺斯州民主党人迪克·德宾（Dick Durbin）在参议院发表演讲：“赶快把存款从美国银行里取出来，找一家不需要每个月交5美元的银行。美国银行的所作所为激起了民愤。”

这项指责对美国银行过于严厉吗？毕竟，是《多德—弗兰克法案》催生了账户管理费。谁知道那些华盛顿人会反对银行隐性收费？甚至连早在3个月前就提过的新收费标准也反对？奥巴马总统现身《早安美国》（*Good Morning America*）抨击银行贪婪，无疑成了事件的高潮。奥巴马总统称：“美国银行的做法无疑在暗示，作为商人，银行宁愿收取用户更多费用，也不愿多赚些利润。”

不出所料，银行业最终改变了主意：包括美国银行在内的几大银行联合发表声明，取消收取账户管理费。

声明发表30天后，美国银行联席COO大卫·达内尔（David Darnell）发表声明：“过去几个星期，我们认真听取了客户的意见，了解到他们很关注账户管理费的问题。出于对客户意见的高度重视，我们决定取消管理费，其他类似的收费计划也将停止推行。”

这场闹剧的罪魁祸首是谁？到底是通过法案的国会还是提出议案的美国联邦储备委员会？都不对。莫非真正的罪魁祸首是银行客户？因为他们既想要更高质量的服务，又不愿意让银行赚取合理的利润。也不是。是参议员还是其他攻击大银行、博取民众欢迎的投机政客，抑或落井下石的媒体？也不是。客户明明不愿意付费却依然打算收费，那么，是美国银行的错吗？也并非完全是银行的责任。虽然美国银行包括整个银行业都难辞其咎，但他们的过错仅在于政府对银行长达半世纪的援助计划，彻底破坏了民众对银行的信任。得益于援助计划以及金融业自由宽松的环境，银行业免于破产，但在公众眼里，他们已无任何道德可言。仅提供"免费查看余额"的服务无法弥补停止提供"免费"支票服务损失的信誉，当银行宣布收账户管理费时，即便提供免费的肾脏也无法挽回他们的声誉。

一言以蔽之，银行业落得如此地步是因为运气欠佳。信任是银行业取得成功的最重要因素，而他们恰巧在公众对大多数金融服务企业失去信心时顶风作案。正如前文所示，互联网为公众提供了大量信息，广告打造企业形象的力量大幅削弱。尽管美国银行投入数千万美元在电视上吹嘘自己多么善解人意，但他们却对客户知之甚少。

掌握众包理念，提高客户终身价值

桑坦德银行美国支行（Santander USA）的 CEO 爱德华多 · 托邦（Eduardo Tobon）对银行是否收取账户管理费不甚在意。因为身份与美国银行不同，修正法案并不会对桑坦德银行美国支行的盈利情况造成太大影响，但冲击在所难免，他甚至已经能感受到身处炼狱中的竞争对手的痛苦了。

这个39岁的哥伦比亚人说："这就像火车在缓慢脱离轨道，但车上的乘客浑然不知。美国银行损失了数十亿美元收入，他们应该做出更明智的回应，但以失败告终。信任和关系都难以建立，却容易失去。"

桑坦德银行美国支行采用了完全不同的策略。雄厚的资金支持，使得它们不必效仿美国银行的运营方式。全球金融危机爆发之时，桑坦德银行以19亿美元的价格收购了美国支行的前身美国主权银行（Sovereign Bancorp）75%股份。相较于第一次收购的25%股份，桑坦德银行这次收购75%股份的价格更低。正是桑坦德银行的资金支持，陷入绝境的美国主权银行才保住了性命。因此，托邦面临的处境并不十分危急，他不必马上采取行动。

面对涌现的负面评价，托邦也缺乏资源来端正其形象。桑坦德银行高层的保守主义思想导致其营销计划过分朴实。他们并不打算投入资本维持美国主权银行这个品牌，因此这个美国最大储蓄银行最终毫无名分地被并入了桑坦德银行，由爱德华多·托邦掌管。于桑坦德银行来说，美国主权银行原有的信用卡部门基本上是一个新成立的部门，但其电视广告预算基本为零，印刷品广告预算也接近于零。换句话说，即便托邦想延续消费者时代的营销手法也毫无机会。因此，无论他对社交时代态度如何，都只能热情地迎接它。

托邦承认："毫无疑问，我完全是迫于无奈。"

严格来讲，托邦并不是一个有远见的人。他与本书作者道格·莱维不同，莱维接受社交时代是因为被坦诚交流建立起来的关系与目的所吸引，托邦则更像阿波罗13号中陷入困境的宇航员。受损飞船里的宇航员必须利用手上仅有的一箱零部件，设法让压缩机继续运作。托邦的那箱零部件里包含现有客户、少量预算、促销活动、传统市场研究以及各社交媒体工具。随后他开始着手修补。

这就是所谓的心甘情愿做非做不可的事。这个时候必须考虑到人的秉性问题。个性张扬的托邦供职的桑坦德银行一向墨守成规。工程学出身的托邦，并没有以设计工厂为职业起点，而是负责宝洁公司在拉丁美洲的供应链管理。这段经验让他对商业产生了兴趣，于是到卡内基梅隆大学（Carnegie Mellon）攻读 MBA 学位。毕业之后，他进入当时正快速壮大的桑坦德银行。在为新收购的企业银行业务提出中肯的建议之后，托邦被派遣到美国支行。公司的培训加上已有的管理经验，让托邦成了解决问题的专家。除了薪酬，银行还分给他期权。至此，他摇身一变成了穿深色西装的银行家，更棒的是他还拥有一个异常聪慧的大脑。

“职业生涯中，我的工程学知识帮了大忙。”他说：“我在商界运用的全是工程学的智慧与创造力。”

在托邦的管理下，企业银行业务取得了成功，随后的商业服务、工资业务以及健康储蓄账户等也大获全胜。他发起项目的速度惊人且声势浩大，最后一次尝试就是收购美国主权银行。在收购之前的市场调研中，托邦非常乐观，因而桑坦德银行收购了美国主权银行 25% 的股份。全球金融危机时，美国主权银行在危机中丧失了 80% 的市值，桑坦德银行趁机收购了剩余 75% 的股份。2008 年，托邦成了一个拥有全新管理思想的成功高管，保险箱里装满一堆毫无价值的股票期权。桑坦德银行得救了，托邦却破产了。

托邦说：“坦率地讲，我曾经有无数次想离开漩涡，换一家企业从头再来。”

但是，新股东喜欢他。他们乐意银行里有西班牙人担任高级职位，尤其偏爱托邦在基础业务建设和盈利上的卓越能力。他们突发奇想，打算将信用卡、借记卡和商业服务综合起来，托邦被委派来实践这个设想。虽然这是与臭鸡蛋为伍，但托邦还是决定留在桑坦德银行这个大篮子里。虽然他失去了大部分净资产，但新股东打算建立一个基本没有营销预算的新公司。而且政府的管制让银行俨然回到石器时代。面对当局的层层监管以及风起云涌的办公室政治，作为CEO，托邦必须与零售银行的市场部亲密合作，虽然他们固有的做事方式不一定与托邦的工程学思维相一致。

“我当时认为，我将在银行内运营一家新公司，好消息是有大量的资本和资源可供使用。坏消息是失败的几率非常大，且后果非常严重，我的职业生涯和声誉都可能因此尽毁。”

托邦初次接触社交时代时，还是众包广告代理公司MOFILM的年轻主管。此前，托邦从未听说过众包，也没有向业余爱好者、半职业人士、自由职业者寻求过帮助。但众包理论打动了他，因为这意味着企业只需支付普通电视广告成本的5%就能获得一支广告，并拥有终身免费使用权。在众包的启发下，托邦开始组建自己的团队。

点“赞”之笔

众包理念根植于一个平等主义原则：每个人都拥有对别人有价值的知识或才华。每个人都拥有自己的特质，每个“我”都站在由众包汇聚成的人群的中心。当天生各具特性的人类个体存在于一大群人中时，就构成了多样化，而这正是众包的魅力与能量之所在。

保持思维策略性，比别人多想一步

托邦说：“1年后，团队建设完成，我们开始进行社交营销。我想到的营销方法是为企业建一个YouTube频道。”

我们猜托邦的意思应该是“用大加农炮往波士顿喷射百元大钞”。YouTube 那样一个蛮荒之地不适合银行，至少桑坦德银行绝对会水土不服。

从某种程度上讲，桑坦德银行算得上是一家支持社交时代营销方式的银行。分布在世界各地的桑坦德分行，正是依赖人际关系培养起用户的忠诚度，并由此获得客户终身价值。当所有竞争者都在加大 ATM 机、网络中心和移动应用程序建设以降低成本时，桑坦德银行投入一倍资金深化丰富分支银行的网络体系。对桑坦德银行的高管而言，社交工具是一个神秘的未知领域，相较于创造利润，那里更有可能爆出丑闻。桑坦德银行禁止银行职员在工作时间访问社交网站，因此银行的网络声誉无从估量。

托邦承认，“我最经常得到的回复就是‘不，你不能这样做’。因此为了达到目的，我不得不爪牙并施。”

最终，托邦通过 MOFILM 要求大家围绕“一句话讲述一个故事”为主题拍摄视频。这次尝试换来一段名为《看门人》（*The Keeper*）的出人意料的视频，主角是虚构人物戈登 · 贝尔克（Gordon Belker），他用借记卡记录了自己的一生。这段视频非常有意思，比 90% 的金融服务广告都棒。最终，《看门人》斩获“戛纳广告大奖”的荣誉。

托邦用 4 500 美元买下《看门人》，并通过刚开通的 YouTube 频道对外传播，当然，播放渠道完全免费。之后，他又用不到 25 000 美元在网上有策略地“播种”。截至本段文字生成，《看门人》的观看次数累计超过 359 000 次。这是一次非常成功的亚病毒营销。这样的结果让托邦兴奋不已，于是他接着进行其他实验。

“波士顿有一家名为 Campus Live 的公司，是个类似 Facebook 的社交平台，主要服务对象是在校学生。”托邦说，“Campus Live 还推出互动游戏，游戏吸引了学生并形成一个统一的社区。虽然不及Facebook成功，但他们显然创建了自己的系统。因此，我们决定投入少量资本与他们合作做实验。我们不是举行奖金制的比赛，而是提出为社区里的学生和访客们设计一系列活动，参加活动刷卡后可以获赠一年的咖啡，或一年的比萨饼。这一举措大获全胜，银行其他部门也都希望用这种方法赢得客户。”

活动虽成功但毕竟存在风险。马德里总部希望托邦将全部精力集中在损益表上，而不是追赶潮流。但是鉴于托邦的工作成绩突出，总部并没有过多干涉。到波士顿之后，托邦在股东的眼皮底下工作，却经常表现得心不在焉，因此他面对的办公室政治更为棘手。上层不止一次警告他踩过了界，但他宁愿拿自己的职业生涯来赌博。实施Campus Live项目时，支持托邦的同事始终提心吊胆。

托邦说：“**一开始没人愿意碰这个项目，因为情况实在复杂。但在我看来，企业必须高瞻远瞩，提前进行超前的实验，以免社交时代全面降临时手忙脚乱，不知道到哪些方法更奏效，哪些方法能达到规模效应。**”

但是桑坦德银行的保守作风，让创建银行Facebook官方页面经历了一个艰苦的申请过程。桑坦德银行在全球执行禁止职员访问社交网站的政策，甚至负责监测Facebook以及为Facebook创建页面的员工也无权访问。

撰写本文时，托邦仍未能争取到Facebook小组成员访问网站的许可。一通通争取电话、一封封申请邮件几乎耗尽了托邦所剩无几的政治资本。试想，如果股东们知道托邦要求广告公司设计银行Facebook主页时要尽量控制营销内容，托邦的命运会怎样？

“任何企业都可以在社交媒体平台上与客户真诚互动，随着时间的推移，互动将积累足够坚固的关系和信任。”托邦解释说，“如果企业缺乏真实度，公众一眼就能识破。”

请注意，这番话并非出自某位社交媒体专家。这是一个梦想当工程师、做过供应链经理、现在是银行家的 CEO 的看法，在他看来，管理者唯一的职责就是回报股东的投资。“大家往往更关心短期利益。”托邦说，“但我日益意识到，只有避免成为短视的怪物，才能创造出长期利润。我不敢声称自己知道所有问题的答案，毕竟我也在学习。但我已经意识到，对一家缺乏耐心的企业来说，建立长期可持续关系非常困难，与公众坦诚相待更是难上加难。

“但我找到了转变的契机。随着对社交媒体的理解不断加深，我也越来越信奉它。如果我创立一家新公司，即使营销预算非常充足，我也只会将这些钱用在社交媒体平台上。我认为我拥抱社交时代的时机刚刚好。”

大获全胜：网民自制视频打败专业广告

此前，我们探论过品牌信息传播受阻的问题。我们引用史蒂夫·罗森鲍姆的言论说明精选内容比肆意创造虚弱的品牌故事更有力。**双胞胎兄弟的视频说明，只需要付一点点费用，做做推广、播播种，也能获得上百万的浏览量。越来越多证据表明，品牌打造与内容共享度呈负相关的关系**。然而，准确的数据关联度并不明朗，或许是因为没有机构愿意负担实验的费用。直到爱德华多·托邦的出现。

托邦从双胞胎兄弟的视频中得到了启发。在桑坦德银行的 YouTube 账号上，除了《看门人》及其播种推广，就只有他们从互联网上找来的符合银行宗旨与公众兴趣的视频。其实同时满足银行和公众两者需求的主题非常多，诸如资金、开支、信用卡、交易等话题，都是公众关注的内容。

托邦很清楚自己面对的是广告的未来。在一个分享的世界，个体消费者将与像朋友一样可爱的品牌形成联系，更多的广告也将由消费者自己制作、传播。在光明前景的召唤下，在我们的鼓励中，托邦同意赞助我们的 A / B 测试。在“播种”强度相同的情况下，测试 6 条视频的传播能力。6 条视频中，有 3 条由桑坦德银行的广告代理商制作，另外 3 条来自网民原创。测试中，被点击观看过的视频，将由红色字体标明。另外，发布这两组视频的网站，原有浏览量旗鼓相当。

我们邀请将双胞胎兄弟打造成网络明星的米瑞 · 怀特希尔主持这个测试，并雇佣视频传播巨头 Giant Media 公司负责 2012 年 7 月底的推广工作。万事俱备，所有人都翘首期待实验结果。如果来自网络的视频打败了品牌广告，在线视频营销界一定会闻风而动。

实验第一天，分晓立见。桑坦德银行拍摄的 3 条广告败给了那 3 条网民自制视频。3 条网民自制视频的内容分别是，一个两岁小女孩推着婴儿车在乔氏商店购物的视频，讲述硬币和钞票的动画片以及猫玩金币巧克力的视频。3 条广告片中，与品牌有关的信息只有一句话：“从心共享，源自你的朋友——桑坦德银行。”

测试初期，网民原创的内容就比品牌广告获得更多留言。即便是非常出色的广告片，例如邪恶的“小红人”欺负“小白人”的视频，也无法突出重围。尽管制作水平高超的广告片也具备娱乐价值，但是从网上征集的视频还是得到了更多的网友评论以及转发数量。实验持续了两周，银行拍摄的广告没有逆袭成功。然而，托邦的赞助没有得到应有的报偿，事情开始往奇怪的方向发展。

首先，托邦留意到，Giant Media 在没有知会也没有得到许可的情况下，购买了几十万条评论。购买活动并不是在 Giant Media 旗下的网站进行，而是一家名为 SwagBucks 的游戏网站，用户点击观看视频可兑换游戏币和礼品。这种“激励观看”深受 Giant Media 公司喜爱，因为用户数量易控且费用低廉。本次购买活动中，Giant Media 支付给 SwagBucks 观众的价格是每次 5 美分，但从托邦手中拿到的报酬是每次 12 美分。

通过购买，托邦在两周内收集到超过 67 万条评论，也算是求仁得仁。至于该实验的目的，整个过程让我们目瞪口呆。Giant Media 公司称“激励观看”的观众与其他观众数量相当，但拒绝给出详细信息，坚称数据只有公司董事会有权了解。Giant Media 公司的插曲，不但没有阻碍测试的进行，反而从侧面推进了它。测试结果让我们欣喜若狂，恨不能与全世界击掌庆祝：

- 品牌信息抑制公众参与；
- 网民原创刺激公众参与。

实验证实了我们的猜想：让公众参与确实能产生惊人回报。实验进行到第三天，托邦收到《早安美国》发来的电子邮件。他们想购买小女孩购物的视频播放权。正如双胞胎兄弟吃东西的视频被电视台购买一样，在没有任何干预的情况下，桑坦德银行也做到了。银行当然很激动，首席运营官亲自指挥，数据分析师加入进来，会议、邮件沟通不断。即便 Giant Media 公司不再为视频播种，不再为银行背书，视频仍然吸引到越来越多的留言和分享，这就是传说中的病毒营销。

爱德华多·托邦，这位特立独行的银行家也震惊了。他婉拒了 Giant Media 公司的合作请求。2012 年 7 月，西班牙陷入经济危机，银行业备受抨击，桑坦德银行试图避过这次的灾祸。如果可爱小女孩购物的视频能让观众联想起桑坦德银行的温暖和美好，那大量制作这样的广告会如何？桑坦德银行一定会得到公众的注意！然而据托邦所说，管理层害怕局势失控，他们害怕观众看到那辆婴儿购物车后，联想到西班牙萎靡的经济状况，产生对银行的负面看法。

托邦该怎么办？他接到了很多猎头的电话。如今，他是大来信用卡公司（Diner's Club International）的总裁，因此可以肯定的是，大来信用卡公司一定会把握住社交时代的需求和机遇。

CAN'T BUY ME LIKE

第 11 章

没有永恒的信任，只有永恒的真诚？

为什么背负“血汗工厂”恶名的耐克在短暂受挫之后能重占行业头把交椅？为什么泰诺召回事件之后，强生公司依然位居声誉排行榜第三？ 公众信任的力量到底有多大？企业的声誉可以换算成多少利润？

因为你们知道，布鲁图斯是凯撒心目中的天使。神啊，请你们判断判断凯撒是多么爱他！这是最无情的一击。

——《裘力斯·凯撒》威廉·莎士比亚
（作家、戏剧家）

第 11 章

没有永恒的信任，只有永恒的真诚？

过去 30 年哪个品牌的营销最成功？苹果公司？耐克？星巴克？绝对伏特加？维珍航空？这是一个很主观的问题，但以上都不是最佳答案。或许苏珊科曼乳腺癌基金会（Susan G. Komen For The Cure）可获此殊荣，毕竟他们只有一件产品，那就是“希望”。

1982 年，南希·布林克尔（Nancy Brinker）以姐姐的名字创建了苏珊科曼乳腺癌基金会。在她的努力下，苏珊科曼乳腺癌基金会不断发展壮大，2010 ～ 2011 财政年度募集善款 4.39 亿美元。过去 30 年来，它为全球 50 个国家的组织提供了近 20 亿美元的资助，推进乳腺癌研究、教育、宣传、卫生服务等事业。标志着苏珊科曼乳腺癌基金会的粉红丝带无处不在，成为无可争议的美好象征。基金会的良好形象吸引了众多企业的赞助。肯德基、美国职棒大联盟（MLB）、美国航空公司（American Airlines）、等企业均愿意捐助巨款以求在基金会活动上亮相。仅基金会一年的牌照资格就带来 3 500 多万美元捐赠，此外她们每年还会在世界各地举办 130 多场“为治愈而奔跑”的活动。2010 年，苏珊科曼乳腺癌基金会在全球合作伙伴达到 60 个。

2009 年，布林克尔被授予总统自由勋章。苏珊科曼乳腺癌基金会还被哈里斯民调（Harris Poll）列为非营利组织中排名第二的“健康品牌”，成为最受信赖的行业中最受信赖的机构之一。

然后，基金会的粉红丝带松开了。

2011 年 1 月，基金会宣布将撤销对美国计划生育协会（Planned Parenthood Federation of America）乳腺癌检查项目的资助。一向攻击美国计划生育协会的保守派，将矛头转向了苏珊科曼乳腺癌基金会。他们表示不再支持该基金会，还鼓动公众联合抵制。外界普遍认为苏珊科曼乳腺癌基金会是迫于政治压力才终止资助美国计划生育协会，如果情况属实，这则与基金会提倡的女性的大无畏精神相违背。

随后，基金会新任公共政策高级副总裁凯伦·汉德尔被曝“曾在乔治亚州竞选中提出取消对美国计划生育协会提供资助”。虽然汉德尔否认了该指责，但仍然迅速“辞职”。最终，苏珊科曼乳腺癌基金会撤销了停止资助的决议，但为时已晚。公众对基金会的信任已遭破坏。此事沸沸扬扬之时，正当哈里斯民调公司评选“健康品牌”之际，苏珊科曼乳腺癌基金会排名跌至第 56 位。正如《纽约时报》所言，社交媒体以迅雷不及掩耳之势炸开了锅。Twitter 上最常见的说法是：“我再也不会给他们捐钱了。”

这些威胁显然不是随口说说。春季到来之时，苏珊科曼乳腺癌基金会在全国各地的“为治愈而奔跑”活动，无论是参与度还是收益都下降了 15% ~ 30%。

科曼基金会亚利桑那州发言人吉莉安·德拉蒙德接受《今日美国》（*USA Today*）采访时称：“我们原本亲密无间，一夜之间，不同的政见分开了我们。”

若不是苏珊科曼乳腺癌基金会有过去三十多年积累的信任，情况只会更糟。伊利诺伊香槟大学的学者们在 2011 年的《消费者心理学》杂志（*Journal of Consumer Psychology*）联合发表的一项研究称，**消费者倾向于将针对他们喜欢的品牌的批评视为对自己的攻击，当追随的品牌受到围攻时，他们通常会团结起来维护共同利益。**与拥护者们会保护达拉斯小牛队和被捕儿童一样，苏珊科曼乳腺癌基金会或星巴克也会受到忠实支持者的保护。

让消费者放弃已经建立的信任并非易事，因为信任是品牌遭遇公关危机时的安全气囊。2010 年，丰田宣布因产品缺陷，召回大批汽车。但召回事件并未给丰田形成巨大打击。然而长期建立起来的信任虽能充当安全气囊，却并非防弹衣，不能完全抵消丑闻带来的指控和谴责。管理上的失误与产品缺陷或许很容易被原谅，但虚伪和背叛则完全无法接受。2012 年 8 月，加州就转基因食品进行公决，要求在加州销售的转基因产品，必须贴上特别的标签，也就是所谓的“37 号提案”。包括 Kashi 有机早餐麦片、Muir Glen 有机土豆食品、Horizon 有机食品在内的公司发起一场反对游说，而这点燃了民众的怒火。NaturalNews.com 网站与其他媒体一同呼吁公众抵制不贴标签的企业。

或以强生公司为例。强生公司一向以生产婴儿卫生用品以及舒适的绒毛毛巾而驰名世界，自 1982 年成立以来一直深受公众信任。而其“泰诺药片召回”事件，虽导致数亿美元的经济损失，但品牌诚信指数却大幅提升。企业和品牌在危机事件中的反应，会载入企业管理史册，与企业社会责任感一起，成为影响消费者信任度的重要因素。

就在 2010 年，强生公司还被声誉研究所（Reputation Institute）评定为美国最有信誉的公司。然而三十年河东，三十年河西。短短两年间，强生维持了 30 年的良好形象就变得面目全非。强生公司的丑闻大多与削减成本有关，还有一些是因为过度贪婪，例如非处方药物出现质量问题，非法销售处方药，贿赂药监局官员，在得克萨斯州的欺诈医疗补助，生产劣质医疗设备，关闭工厂导致工人失业，在海外继续销售美国禁止的产品。一次又一次的丑闻中，公众对强生逐渐失去信心。声誉研究所 2012 年的调查表明，稳坐头把交椅的强生公司已经降至第 3 位。

也许你会觉得奇怪，强生公司竟然只是从第 1 名降到第 3 名，没有跌出榜单，其信誉值没有出现大幅下滑。这说明累积的信任能抵消一定量的负面评价，因此强生依然可以繁荣昌盛。但是，**随着负面新闻不断增多，商誉损耗也越来越严重**。

信任是防弹背心，但它并不能阻止你被爆头

之前，我们约见过加州大学伯克利分校环境与劳工政策学院副教授达拉·欧偌克（Dara O'Rourke）。他是 GoodGuide 公司创始人，健康消费用品评定人，以及环境与社会问题评论员，信奉"过去完美的关系也可能终结"。他还喜欢搜集并揭发企业丑闻。1997 年，他揭发了耐克公司在越南工厂的问题。

"穿耐克的迈克尔·乔丹灌篮的姿势好帅气。""耐克的广告真鼓舞人心，真有意思，广告语'Just Do It'真是简洁有力。"过去几十年，耐克的品牌形象为其带来巨额财富，成为商业界的楷模。可惜，良好的记录被打破。欧偌克搜集的材料显示，耐克压低工人薪水，强迫员工加班，雇佣童工，让工人在含高浓度有毒物质的厂房内工作。《纽约时报》报道了他的发现，一时间，耐克由体育精神、激情、艺术爱好者的代名词，变成了"血汗工厂"的别称。

欧偌克说："真正受影响的是耐克的品牌声誉而非销量，耐克每

年花 10 亿美元打造的形象竟如此不堪一击。”

耐克的第一反应是质疑批评的公允性，这种做法对于挽救声誉毫无作用。为洗脱罪名，耐克的发言人称：“我们有很多资料可以表明耐克的工人是在优越的条件下工作，并且酬劳丰厚。”在一番努力未果之后，耐克放弃自我辩解，承诺解决问题，用实际行动来弥补过失，终于在 15 年之后又取得了引人注目的成绩。如今，运动类品牌中，点评公司 GoodGuide 给耐克的评分是 6.6，而户外运动品牌巴塔哥尼亚的得分是 8.2。耐克公司别无选择，公众的高度关注使他们无处躲藏。

“耐克会一直背负血汗工厂的名声。”欧偌克说，“**销量下降，被政府罚款，吃官司，对耐克这样的大企业来说很容易摆平。但是品牌形象遭到破坏，高层就只能眼睁睁地看着数百亿美元打水漂，这就是社交时代的游戏规则。**”

但欧偌克看到的并不是个案，不少企业仍会步耐克的后尘。

直面风暴，修复信任裂痕

在本书中，苹果公司被多次谈论。因为苹果公司完美地贯彻了史蒂夫·乔布斯的理念，制作出具有美感的 3C 产品，成长为工业巨头，而且其卓越程度无论怎么强调都不过分。

2012 年第一季度，苹果公司的营业额为 463 亿美元，利润达 130 亿美元。130 亿美元都够办一场奥运会了。而且这只是苹果公司 3 个月的收益。超高收益拉升了公司的股价，令苹果公司超越美孚公司，成为全球最大的工业集团。难怪奥巴马总统特意在国情咨文中提到苹果公司：

> 要保持经济长期稳定发展，我们要激励这个国家每个人

> 的聪明才智和创造力。这意味着男女应当同工同酬，意味着应当支持每一个愿意工作的人，每一个敢于承担风险的人，每一个有志成为下一个史蒂夫·乔布斯的企业家。

尽管共和党人一向与奥巴马唱反调，但这次出现了例外。印第安纳州州长，共和党人米奇·丹尼尔（Mitch Daniel）回应总统演讲时也把握住机会，再次向乔布斯致敬：

> 与总统经常贬低的商界人士不同，史蒂夫·乔布斯是受人尊敬的伟大人物。史蒂夫·乔布斯创造的财富，远远超过总统借来的以及花掉的钱。

就在两大政党的领导人争相夸赞乔布斯，赞扬其远见卓识以及为美国经济做出的贡献时，苹果公司有了“新动作”。其中之一来自《纽约时报》的报道：苹果公司70多万海外工人，领着极低的薪水，长时间在恶劣的环境下工作。接着，广播节目《美国生活》（*This American Life*）播放了百老汇演员迈克·戴西（Mike Daisey）的一段独白。为跟踪iPad的生产过程，迈克·戴西特意潜入苹果公司的制造工厂。他在广播中讲到不人道的宿舍条件，残酷的车间环境，以及防止工人自杀而悬挂在车间外的巨大铁网。两个月后，当事件的影响逐渐减弱，戴西曝出了更多内容，他承认自己有些添油加醋，例如指责工厂雇佣童工。尽管迈克·戴西的发言因涉嫌捏造事实而被《美国生活》撤销，但伤害已经造成。节目播出后两周内，苹果公司不得不首次公布其亚洲代工厂，富士康的老板也立即同意提高25%的工资。

苹果公司绝不是中国制造业唯一的恶魔。富士康也同时为戴尔、宏基、联想、任天堂、松下、三星、IBM、思科、摩托罗拉、亚马逊等生产电子产品。随时间的推移，这些企业将在中国以及其他发展中国家创造出一个中产阶级，帮助他们脱贫致富之余，将他们培养成美国出口商品的新市场。但某种程度上讲，戴西没有说出为了降低成本，苹果及其余品牌都使用外籍劳工，工人们的工作条件甚至连监狱都不如。本事件可以反应两个问题：法制的缺失，以及发达国家在发展中国家的发展状况。

显然，借力中国劳动力，既有风险也是机遇。但对苹果公司而言，一切争论都不重要，它被推到国际舆论的风口浪尖。这个赢得 3.27 亿人喜爱的自由主义英雄在中国栽了跟头。请记住，在社交时代，企业的一举一动都是广告。还记得第 2 章中用谷歌搜索“我爱苹果公司”的实验吗？当时得到相关结果是 300 万。富士康事件曝光后，谷歌上“苹果公司中国”的相关结果达到 4.12 亿，大部分来自博客文章。其中一篇文章的标题是《苹果糟透了！》

富士康事件刚刚平息，新一轮风波又起：美国司法部指控苹果和主要出版商相勾结操控电子书的定价，iPhone 手机的 Siri 语音控制性能低劣，国际贸易委员会发现苹果侵犯摩托罗拉的专利，公众抱怨苹果公司的股票回购计划让投资人大赚了一笔却导致设备成本上升，有利用消费者之嫌。而且苹果公司对 App 的制作商收取高达 30% 的佣金与敲诈无异。

欧偌克说：“苹果公司重蹈了耐克的覆辙。只不过苹果公司的情况更危急，因为苹果过去从未爆出过丑闻。史蒂夫 · 乔布斯比任何政治家都更注重对消息的控制，可惜的是这条消息没有封住。作为世界上最神秘的消费品公司，在过去一年，苹果公司的铜墙铁壁上出现了很多裂缝。唯一影响其销量的便是公众的信任。戴尔、惠普，甚至

HTC 都完全无法分走公众对苹果公司的信任，唯一影响公众信任的是苹果公司处理危机的方式。”

很多“果粉”称自己有可能因为这些负面消息不再购买苹果的产品。这威胁着苹果公司的品牌成长及价值。苹果公司有可能因此而败下阵来。没有哪家公司可以承受公众的厌弃，正如没有人可以摆脱重力的控制。不然牛顿就不可能看到掉落的苹果，也就发现不了万有引力定律。

对于苹果公司的丑闻，我们的态度很乐观。苹果公司的反应表明，公司高管非常理解危机事件对品牌的影响以及与人性抗衡的风险。公平劳动协会（Fair Labor Association）2012 年 7 月的一份报告称，对于所有曝光的问题，苹果公司和富士康反应敏捷，解决彻底。佛罗里达州州长奥瑞特·范·希尔登（Auret van Heerden）曾写道：“苹果和富士康已经提前改善了佛罗里达州内的工厂生产条件。2013 年 3 月的初次评估之后，4 个月内，苹果和富士康进步神速，完全可以被视为所有中国 3C 产品供应商的楷模。”我们似乎看到 15 年前的耐克，面对国际社会的谴责，经历了最初的不情愿之后，终于改变了态度，其品牌优势也应声修复。

在谷歌上搜索“我讨厌耐克”会出现 2.9 万条相关结果，而“我爱耐克”的结果有 100 万条。

后记一

建立真正的关系比“说服”更有效

朋友们大多认为我过于乐观。幸运的是，我妻子爱丽丝经常从旁提醒我。多年来，她经常听我高谈阔论资本主义改变了人类世界，以使命为驱动的营销策略不仅仅为企业带去高额利润，还赋予其更深远的意义。当我滔滔不绝，她总笑而不语。直到有一天，我在冰箱上看到一张爱丽丝留给保姆的纸条：“联系不到我的话就打道格的电话。他的手机随身携带，因为他认为任何一通电话都可能是用营销改变世界的机会，他不会错过的。”真是一针见血。

坦率地讲，虽然我很早就知道社交时代的互动原理，但最开始我并没有真的将它应用到实践中。几年前的一天，公司里某位高管在下班后走进我的办公室，向我提出辞职。他的离开或许会令公司倒退到半年前甚至一年前的状态。为了阻止灾祸降临，我打电话给合伙人马克·布隆伯格（Marc Blumberg）

以及另外一个朋友，值得信赖的顾问兰德·斯塔根（Rand Stagen）。一见到他们，我就直截了当地表明必须留住这位员工。我需要他们俩帮助我找出正确的策略说服他留下。

“说服他留下来。”你或许也捕捉到这话蕴含的讽刺意味。前文里我还坚称说服已死。

我那两个伙伴也察觉到这番话的荒谬之处。他们没有想办法说服那位高管，而是想办法让我知道自己要改变思路。马克和兰德直言不讳地指出我的傲慢之处，问我凭什么认为自己比那位高管更清楚他的职业方向：“留住他真的对他本人以及公司都有利吗？”“劝阻他确实能解决问题吗？”

那天晚上，我一个人坐在浴室冰冷的地板上，脑中一片混乱。我深受打击。建立真正的关系比说服对方更有益，这个观点是我自己提出的。我构想出大量术语，设计模型，搜集数据，证明转变思维有多重要。然而，下午发生的事情说明，我自己都没能转变。我朋友里克·瓦兰（Rick Voirin）曾说过，有一些事情你怎么想也想不通。

尽管我写这本书的部分原因是某天深夜的突发奇想，但这只是一个契机。多年来我一直坚信并传播这样的观念：坚持企业宗旨，以处理人际关系的方式对待同事、顾客，会显著提升工作的意义，并影响最终的结果。

我确实在用企业核心目标引导企业的一切行为。数月的企业宗旨宣传之后，公司里的每一个人都能倒背如流。但从随后员工接待客户方式可以看出，实践没有跟上理论的脚步。我们在内化吸收企业核心目标方面失败了。我和同事们很沮丧地认识到，我们认真背诵的宗旨与日常经营活动严重脱节。我们错过了达到更好状态的机会。我的员工肯定十分气馁，我不知道如何让企业宗旨的光芒照进现实。

虽然封面上只印了我和鲍勃的名字，但书里提到的概念和操作经验实际上来自 Agencies of Change 公司和 MEplusYOU 的员工以及一群很棒的朋友。

马克·麦金尼（Mark McKinney）是《宗旨营销》（*Marketing with Purpose*）的第一作者。他还绘制出了我一直想做但最终未做的图表，一张清晰说明企业应该如何正确工作的图表。马克·布隆伯格为社交时代营销思维的研究贡献重大，本书中的很多想法都源自于他。他一直是个出色的商业伙伴和朋友。伊恩·伍夫曼（Ian Wolfman）对这本书的热情也推动了它的面世。通过与顶级商业领袖面谈及会议演示，他在市场上测试过本书的概念，并帮助我们完善了它。正是伊恩促成了我和鲍勃的合作。伊恩也跟马克一样，是一个出色的终身商业伙伴和朋友。

此外，迈克尔·戴维斯（Michael Davis）及其创意团队的实践，让书中的文字生长成一次又一次出色的创意执行，是他们鼓励了我们。邦妮·塞耶斯（Bonnie Sayers）和亨斯利·埃文斯（Hensley Evans）已率先将本书的概念应用于健康和保健行业。伊夫林·亨利·米勒（Evelyn Henry Miller）、拉胡尔·普里尼（Rahul Purini）和希斯·韦德（Heath Wade）已建立起基础设施，帮助我们继续传播以使命为驱动的企业经营方式。兰德·斯塔根也相当于是 MEplusYOU 公司的一员，他是我的灵魂伴侣，他对本书的贡献举足轻重。

道格·莱维

后记二

一通电话引发社交时代

吞了一片立普妥钙片（适应症为高胆固醇血症。——译者注）之后，我终于从浴室的地板上站起来了。我和道格迈进社交时代的方式完全不同。对我而言，这本书的意义远高于充当末日的预言者。

我在前一本书《混乱场景》（*The Chaos Scenario*）里告诫大家大众媒体和大众营销终将崩溃。那本书中，我预见到现今营销人员正在面临的混乱。虽然那本书也讲到在社交媒体平台上倾听、分享以及倡导公众参与会给企业带来繁荣昌盛，但并未谈到具体操作细则。且受限于案例数量，《混乱场景》的实用性有待提高。

我并不羞愧于自己怀疑论者的身份，这正是我信奉的生活哲学。从某种程度上讲，问题的发现人有责任思考答案。其实是一通电话开启了我的社交时代。当时是 2009 年，我以演讲嘉宾的身份受邀参加了一场在拉斯韦加斯举办的会议。而作为付费嘉宾，我认为自己有必要参加主办方举办的庆祝派对。我的宾客之仪让我凌晨 5:30 才回到房间。90 分钟后，电话铃响了。

对方说他是 MEplusYOU 公司的首席营销官伊恩·伍夫曼。我之前从未听闻过他的大名，但他坚持邀请我下楼与他的老板见一面，他说他们公司的经营理念与我们的演讲内容完全契合。电话里，我粗暴地回绝了他。当等我摇摇晃晃洗漱完毕，又鬼使神差地下楼了。

与我会面的人就是道格·莱维，虽然他穿着我见过的最皱的西装，但他提供的可靠数据和运营规程无疑让我的理念更丰满扎实。从那天起我们开始合作，于是才有了这本书。

除了事业上的不谋而合，我们还有一个共同点：我们的妻子都万分支持我们。我的妻子米莲娜（Milena）帮助并见证了我的所有转变：从评论家到咨询顾问，从末日预言家到利润先知，从火爆脾气到……嗯，你懂的。总之，她让我受益良多。米莲娜比我更早意识到社交媒体平台将大放光彩，她的鼓励把我拖出了混乱的漩涡，让我保持清醒。

当她看完《混乱场景》的最后一页时，我问她，我到底是一个旷世奇才还是一个平凡的天才？

她用迷人的东欧口音回答我："加菲尔德，你是一个天才，比兽医好一点点的天才。"

鲍勃·加菲尔德

《疯赞》中出现的公司

1. 巴塔哥尼亚（Patagonia） 世界上真正的顶级户外奢侈品牌，美国户外零售店及美国最大的户外零售连锁店REI销售量第一的品牌。30多年来，巴塔哥尼亚公司一直在引领着环境意识型和创新式户外功能产品以及制造技术的开发，作为全球第一流的户外装备生产商，巴塔哥尼亚从来似乎都只为那些户外狂热的爱好者和登山家服务，其突出特点为精湛的细节设计。

2. 卡卡圈坊（Krispy Kreme Doughnuts） 美国第二大甜甜圈连锁品牌，总部位于纽约。2000年，在美国纳斯达克上市，上市的第一天，其股票价格就上涨了76%。到2003年，每股高达49.75美元。然而，之后不到一年，卡卡圈坊首次出现季度亏损，2008年，股价跌入谷底，每股1.15美元。2009年，卡卡圈坊濒临崩溃。之后经过漫长的复苏，到2013年，卡卡圈坊的营业额相较2009年已经增长了8倍，零售店的数量增加了接近50%，国际特许经营公司从2008年的204家增长到了目前的500多家。美国人对美食的钟爱是卡卡圈坊经济状况的生动反映，这同时也体现在股票价格上。自从2009年3月2日以来，道琼斯工业指数增长了150%，作为美国人最喜爱的高档甜甜圈专卖店，卡卡圈坊的股价也从1.15美元跳涨至20美元，涨幅超过1 600%。

3. 宝洁公司（Procter&Gamble） 创于1837年，是全球最大的日用消费品公司之一，世界上市值第6大公司，世界上利润排名第14。其知识营销以及将利益诉求与情感诉求相结合的营销战略不仅有效提高品牌的文化内涵，还在社会上创造了良好的形象和声誉，同时培育了一大批忠诚的顾客，获得了较高的顾客满意度。旗下品牌“秘密”(Secret) 止汗香体膏发起“Mean Stinks”营销之后，26周内美国的销量增长了9%。

4. 美捷步（Zappos） 全球最大的B2C网络鞋店，创始人为美籍华人谢家华。2009年，美捷步以10亿美元的骄人业绩横扫美国电子商务领域，亚马逊以高达12亿美元的价格收购美捷步。在营销上，美捷步坚持5项原则：① 不打价格战，不以低价取胜；② 唯客户体验马首是瞻，通过互联网提供7×24小时的购物服务，免费双向的运送服务；③ 视口碑为生命，美捷步不做广告，而更多的是通过回头客和口碑传播；④ 提供最优客户服务，谢家华认为客服电话是与顾客建立信任的最好渠道，因而需加倍重视；⑤ 去平台化，不做单纯的第三发货方。

5. 帕纳拉面包（Panera Bread） 美国著名连锁快餐店和咖啡馆，在美国40个州和加拿大拥有1 541家门店。2007年底到2011年经济衰退期间，帕纳拉面包公司股价反而上涨了189%，公司联合创始人兼董事长罗纳德·沙伊克对此的解释为：“帕纳拉始终强调食品质量、设计和人这三大元素，从而获得成功。”在公司定位上，帕拉纳面包非常聪明地把握住了一个稀有的细分市场，将自己打造成为介于快餐和休闲餐饮之间的品牌，为消费者提供新鲜出炉的面包、高端食材和优质咖啡，以及更好的服务和家庭式的友好环境。与此同时，该公司的门店规模都比较大，采用开放式布局，设计有休息区并配备了免费无线局域网，从而鼓励消费者在此逗留以及把帕纳拉当成一个会面地点。沙伊克表示，帕纳拉的食品和店内体验“源自一种信念，即如果可以选择，人们会对自己更好”。

6. 路易斯维尔—斯拉格（Louisville Slugger） 美国著名棒球装备品牌，美国职业棒球大联盟官方专用球棒，是一家品牌历史超过120年的家族私有品牌，其核心目标为“成就优秀的棒球选手”。该品牌CEO比尔·克拉克认为“路易斯维尔—斯拉格应该坚守信念，而不是唯利是图”，“美国人对棒球有种特殊情结，这种情结从祖父留传到父辈再到子辈，我们希望这种情结能世世代代传递下去。因此，路易斯维尔—斯拉格肩负重担，重建消费者与路易斯维尔—斯拉格的情感联结至关重要”。

7. 高洁丝（Kotex） 金佰利公司旗下品牌，1920年诞生于美国，是世界上第一个女性卫生巾品牌，也是全球首个对大众进行经期知识教育的卫生巾品牌。近一个世纪以来，高洁丝帮助全球无数女性享受这款革命性产品所带来的便利。秉持卓越的创新，高洁丝以高品质的产品和贴心的设计，不仅满足女性朋友的生理需求，更令每位女性在生活中倍感呵护和自信。目前，高洁丝已在全球超过100多个国家销售，在美国、欧洲和亚洲等地皆为市场领导品牌，市场占有率名列前茅。2012年，高洁丝步入净销售额10亿美元以上顶级消费品品牌的行列，赢得了全球数以百万女性的长期信赖和喜爱。

8. 第7代（Seventh Generation） 美国著名家用环保清洁品牌，它的名字是引用北美印地安部落的宣言：我们做每一件事时都必须考虑到它对我们之后七个世代的子孙所造成的影响。它的所有产品都不含漂白成分，重视环境保护、地球变暖等问题。公司被评为“企业社会责任的先驱。”企业宗旨是，为您生活的家，创造安全、健康、有效的家用清洁及个人护理用品，为您打造无毒、幸福、安心的生活空间与环境，并将这个彩色的地球永续传承给下一代。

9. Method 美国著名环境友好型和设计驱动型的家居用品品牌。2012 年被全球最大的生态清洁用品及洗涤用品的厂商 Ecover 收购。与传统清洁用品品牌不同，Method 一改清洁劳动乏味的印象和感觉，以全新的设计和形象吸引着人们的注意力，使得做家务不再枯燥、无聊。Method 甚至不惜重金聘请行业内著名的设计师卡利姆·拉什迪设计极为抢眼的包装，为平淡无奇到极点的清洁用品披上了炫目的外衣，抢夺了许多消费者的目光。

10. 世界宣明会（World Vision） 创立于 1950 年，是一个发扬人道与博爱精神的国际慈善团体，其宗旨是以爱心服务贫苦及有需要的人们，与他们一起面对贫穷和灾难，合力克服困境，使其走上康庄之路。宣明会特别关心儿童的处境与福乐，着重帮助孤儿及有特殊需要的孩子，并关注女童教育、性别平等和环境保护等问题。

11. 美国前进保险公司（Progressive Insurance） 全美第四大汽车保险公司，1937 年创立以来就一直专注于美国汽车保险行业，前进保险公司共分为 3 个业务单元：个人车辆保险，商业车辆保险以及对地区性小型银行、企业高层等客户提供的责任险。

12. 可口可乐（Coca-Cola） 全球最大饮料的厂商，目前全球每天有 17 亿人次的消费者在畅饮可口可乐公司的产品，大约每秒钟售出 19 400 瓶饮料。可口可乐在营销上可谓创意十足，2013 年 5 月可口可乐推出了 24 款昵称瓶，吃货、纯爷们、喵星人、大咖、天然呆、技术男、小萝莉……用这些中国年轻人十分熟悉的流行词汇，可口可乐在无形之中赢得了年轻一代的情感认同。2014 年，可口可乐再次换装，推出“歌词瓶”，不断用新颖的活动挑动消费者的神经，在传递快乐的同时，也夯实自己在市场中无可替代的位置。

13. 无线电器材公司（Radio Shack） 总部设于美国德克萨斯州

沃兹堡，美国信誉最佳的消费电子产品专业零售商，销售的产品种类包括无线通信、电子部件、电池和配件以及其他数码技术产品和服务。公司在全美设有6 874多家商店，据估计，有94%的美国人从居住地或工作地抵达Radio Shack的商店或经销商处只需5分钟时间。

14. 辉瑞公司（Pfizer） 创建于1849年，总部位于美国纽约，目前全球最大的以研发为基础的生物制药公司。辉瑞公司的产品覆盖了包括化学药物、生物制剂、疫苗、健康药物等诸多广泛而极具潜力的治疗及健康领域，同时其卓越的研发和生产能力处于全球领先地位。辉瑞致力于运用创新的科学技术以及全球资源来改善每个生命阶段的健康和福祉。

15. 通用磨坊（General Mills） 世界第六大食品公司，《财富》500强企业。主要从事食品制作业务，其产品广销全球，主要品牌包括哈根达斯、贝蒂妙厨、湾仔码头、果然多、绿巨人、及维邦等多款早餐谷物品牌。

16. 三星集团（SAMSUNG） 韩国第一大企业，同时也是一家大型跨国企业集团，三星集团包括众多的国际下属企业，旗下子公司有：三星电子、三星物产、三星航空、三星人寿保险等等，业务涉及电子、金融、机械、化学等众多领域。

17. 达能集团（Danone） 总部设于法国巴黎，世界500强企业，是一个业务极为多元化的跨国食品公司，也是全球最成功的健康食品公司之一，旗下鲜乳制品全球第一，饮用水和饮料全球第二，婴儿营养品全球第二，临床营养品欧洲第一。集团的业务遍布6大洲，产品行销100多个国家。以“食品,为尽可能多的人带来健康”为企业使命，旗下个知名品牌有：达能、LU和EVIAN（依云）、多美滋、脉动、益力、乐百氏、纽迪西亚等、碧悠、波多、富维克等。

18. AT&T 公司（AT&T Inc.） 美国最大的本地和长途电话公司，美国第二大移动运营商。主要业务是：①为国内国际提供电话服务；②提供商业机器、数据类产品和消费类产品；③提供电信网络系统；④各种服务及租赁业务。2014 年 10 月 8 日，AT&T 公司同意支付 1.05 亿美元以和解其用户的指控，指控针对 AT&T 公司的“移动填鸭式收费”(mobile cramming)——非法向用户收取由第三方提供的铃声、占星和短信等服务所产生的费用。

19. 埃克森美孚公司（Exxon Mobil） 世界最大的非政府石油天然气生产商，世界上最大的私营企业之一，也是美国最大的上下游一体化的石油公司总部设在美国德克萨斯州爱文市。埃克森美孚通过其关联公司在全球拥有 8 万多名员工，其严谨的投资方针、对开发和运用行业领先技术的追求及完善的运营管理制度，使之在全球位居行业领先地位。

20. 陶氏化学（Dow Chemical Company） 陶氏化学是一家多元的化学公司，坚持运用科学、技术以及“人”的力量不断改进。在全球拥有约 50 000 名员工，在 35 个国家运营 188 个生产基地，产品达到了 5 000 多种。陶氏为全球 160 个国家和地区的客户提供种类繁多的产品及服务，并将可持续发展的原则贯彻于化学和创新，为各消费市场提供更加优质的产品，业务范围包括纯水、食品、药品、油漆、包装、建筑、家居、汽车以及个人护理产品等众多领域。2013 年，陶氏化学公司赢得了 2013 年度美国总统绿色化学挑战奖。

21. 好市多（Costco） 会员制仓储批发俱乐部的创始者，美国最大的连锁会员制仓储量贩店。自成立以来，好市多即致力于以可能的最低价格提供给会员高品质的品牌商品。为了达成此目标，好市多坚持降低所有的营运成本，并将省下的金钱完全回馈给会员。目前，好市多在全球7个国家设有超过500家的分店，对会员提供许多特别的专享的服务与权益，力求让顾客在购物时保持愉悦的心情。

22. 西南航空（Southwest Airlines） 美国一家总部设在得克萨斯州达拉斯市的航空公司，美国第二大航空公司，是民航业“廉价航空公司”经营模式的鼻祖。采用明确的市场定位，只开设短途的点对点的航线，航程短，班次密集。一般情况下，如果错过了西南航空的某一趟班机，完全可以在1个小时后乘坐西南航空的下一趟班机。这样高频率的飞行班次不仅方便了那些每天都要穿行与美国各大城市的上班族，更重要的是，在此基础上的单位成本的降低才是西南航空所要追求的。为了节约时间，西南航空的机票不用对号入座，乘客们像在公共汽车上那样就近坐下。内部管理上，西南航空强调“员工第一”，并提出“在美西南，我们宁愿让公司充满爱，而不是敬畏”的口号。

23. 苹果公司（Apple Inc.） 1976年创立于美国的高科技公司，在2014年世界500强排行榜中排名第15名，且连续3年成为全球市值最大公司，在2012年曾经创下6 235亿美元记录，2013年后企业市值缩水24%为4 779亿美元，但仍然是全球市值最大的公司。2014年美国苹果公司已连续第二年超越谷歌，成为世界最具价值品牌。在经过20世纪80年代开始的长达20年的衰落之后，21世纪伊始，苹果公司终于在斯蒂夫·乔布斯的带领下重建辉煌：2000年初推出的iPod数码音乐播放器，大获成功；2001年5月，苹果宣布开设苹果零售店；2003年底首家美国之外的苹果零售店在东京银座店开幕；2005年6月6日开始与英特尔（Intel）合作；2010年6月7日第四代iPhone手机，型号为iPhone 4；2012年4月，苹果以6 235亿美元的市值稳坐世界第一的位置；2014年9月，苹果发布iPhone6、iPhone6 plus以及苹果首款可穿戴智能设备Apple watch。

24. 亚马逊公司（Amazon） 全世界最大的互联网在线零售商之一，美国最大跨国网络电子商务公司，总部位于华盛顿州的西雅图，是最早开始经营电子商务的公司之一。一开始，亚马逊的网络销售业务只涉及书籍，现在则扩及了音乐、影视、手机数码、家电、食品、母婴、运动、户外和休闲、IT 软件等 32 大类、上千万种的产品，成为全球商品品种最多的网上零售商和全球第二大互联网企业。亚马逊自 2001 年开始，除了宣传自己是最大的网络零售商外，同时把“最以客户为中心的公司”（the world's most customer-centric company）确立为努力的目标。为此，亚马逊从 2001 年开始大规模推广第三方开放平台，2002 年推出网络服务，2005 年推出 Prime 服务，2007 年开始向第三方卖家提供外包物流服务，2010 年推出自助数字出版平台。通过逐步扩充服务，亚马逊逐渐超越网络零售商的范畴，成为了一家综合服务提供商。

25. 健康食品超市（Whole Foods supermarket） 全球最大的天然食品供货商，创建于 1987 年。创始之处，健康食品超市只提供天然产品、有机食品，之后又将经营范围扩大到不含化学成分和防腐剂的食品、不含激素的肉食、无副作用的化妆品以及更注重环保的家庭用品。虽然全食销售产品价格会比普通超市高 40% ~ 175%，但消费者依然蜂拥而至。除了对健康环保、食品安全重视以外，全食出售着一种新的生活方式，其特立独行的经营模式，让忠实的消费者把它看做食品零售领域的“苹果电脑”。

26. 嘉信理财集团（Charles Schwab Corporation） 美国最大的贴现经纪商，同时也是全球最知名的网上证券交易商。公司的核心业务是为进行自主投资决策的个别投资者，如个人、投资经理、退休经理、退休基金和机构等，提供低成本的增值交易服务。“9·11”事件，嘉信理财一度低落，经过其创始人查尔斯·施瓦布大刀阔斧的改革，终于走出困境，嘉信理财也因此确立了“持续以客户需求为先”的服务理念。

27. 福来鸡餐厅（Chick-fil-A） 全美第二大鸡肉快餐连锁店，在美国有 1 600 家分店，超过 6 万名员工，创造了 40 多年业绩连续增长的商业奇迹。福来鸡的创办人楚爱·凯西直到 92 岁还每天坚持到办公室上班。福来鸡的宗旨是：充分珍惜和经营好所拥有的资源，积极地影响一切与公司有联系的人。为此，福来鸡坚持不以金钱为驱动的理念，关注人而不只是关注业绩，员工忠诚而不是盲从，企业目标是长期而不是的短期，企业文化是先人后己。

28. 塔吉特公司（Target） 美国第一家提出打折这一概念的商店。在美国 47 州设有 1 330 家商店，采取的商品战略是提供只能在塔吉特买得到的独家商品，尤其是设计师特别设计的商品，如此不但满足了顾客对质量的要求，也大幅提升了塔吉特高级、时髦的形象。公司每周都要通过捐赠和其他一些活动把 200 万美元回馈给当地社区。此外，塔吉特增加了原来大众零售店所匮乏的“体面”氛围不仅仅是装修上的舒适体面，更包括对待顾客有如上宾。塔吉特员工礼貌又有效率的服务在普通折扣商店相当少见。

29. 花旗银行（Citibank, N.A.） 是花旗集团属下的一家零售银行，其主要前身是 1812 年 6 月 16 日成立的纽约城市银行（City Bank of New York），经过近两个世纪的发展、并购，在 21 世纪初，花旗银行一度成为全世界最大的银行控股公司。如今，它是全球资产规模最大、利润最多、全球连锁性最高、业务门类最齐全的金融服务集团之一。

30. 通用电气公司（General Electric Company） 世界上最大的多元化服务性公司，从飞机发动机、发电设备到金融服务，从医疗造影、电视节目到塑料，通用电气统统涉足。致力于通过多项技术和服务为全世界人民创造更美好的生活。目前，公司业务遍及世界上100多个国家，拥有员工315 000人。品牌口号是“梦想启动未来”。

31. 卡夫食品公司（Kraft Foods） 全球第二大的食品公司，在超过70个国家开展业务，其产品在150个国家有售，全球员工约60 000多名。卡夫公司的四大核心产品系列为咖啡、糖果、乳制品及饮料。在大中华区，卡夫旗下拥有众多知名食品品牌，包括太平、奥利奥、趣多多、乐之、鬼脸嘟嘟、果珍、麦斯威尔、Singles、菲力、Toberone、Planters、可口、卡夫奇妙酱和欧斯麦。为确保卡夫的持续发展，卡夫对赖以生存的经济、社会和环境等问题进行综合考虑，在坚持采取负责任的商业行为的同时，不懈努力，以达到日益变化的社会期望值。

32. 宜家家居（IKEA） 由英格瓦·坎普拉德1943年创建于瑞典，如今宜家已成为全球最大的家具家居用品商家，销售主要包括座椅/沙发系列，办公用品，卧室系列，厨房系列，照明系列，纺织品，炊具系列，房屋储藏系列，儿童产品系列等约10 000个产品。为了给员工强调与顾客结盟的民主理念，1976年，创始人坎普拉德写下了《一个家具商的信仰》，他一再重申：为大多数人创造美好生活的一部分，包含着打破地位和传统的局限而成为更自由的人。即使在20世纪90年代，宜家加大向全球发展的步伐时，它也力求保持自己原汁原味的企业文化。坎普拉德直接表示：宜家向来坚持自己的重要传统，因为这不是瑞典文化，而是公司文化。否则，其他国家的员工就感受不到自己属于宜家。除了把简洁、美观而价格合理的产品带到全球市场，宜家也把北欧式的平等自由精神传播到各地。对年轻人而言，相对于产品的实用，宜家这种精神力量更具杀伤力，谁也不能忽视这样一个大趋势：人人都渴望成为主角和支配者。就像英国一家媒体评价宜家的评语：它不仅仅是一个店，它是一个宗教；它不是在卖家具，它在为你搭起一个梦想。

为了让更多的顾客成为宜家的品牌布道者，宜家的一个重要策略就是销售梦想而不是产品。为了做到这一点，宜家不仅提供广泛、设计精美、实用、低价的产品，而且也把产品跟公益事业进行联姻。

33. 星巴克（Starbucks） 全球最大的咖啡连锁店，旗下零售产品包括30多款全球顶级的咖啡豆、手工制作的浓缩咖啡和多款咖啡冷热饮料、新鲜美味的各式糕点食品以及丰富多样的咖啡机、咖啡杯等商品。星巴克在全球范围内已经有近12 000间分店遍布北美、南美洲、欧洲、中东及太平洋区。星巴克的经营原则中，“提供完善的工作环境，并创造相互尊重和相互信任的工作氛围”居于首位，并坚持“采用最高标准进行采购烘焙，并提供最新鲜的咖啡”来践行企业宗旨。

中资海派出品

为精英阅读而努力

[英] 戴维·刘易斯　◎著

张　淼　◎译

中资海派出品

定　价：42.00元

每个“惊艳”的营销细节背后
都藏着一个诱惑“上帝”的心理学家

◆ 为什么灯光明亮的蓝色商店能勾起强烈的购买欲？

◆ 为什么带有巧克力香气的言情小说更受欢迎？

◆ 为什么亚马逊和 Facebook 总能推送你“恰好需要”的产品？

◆ 为什么在收银台前，手机总是没有网络信号？

怎样像阅读一本书一样读懂消费者的所思所想？怎样将大脑运作机制的研究成果有效地应用于广告、营销以及零售领域？在大数据时代，这种“说服产业”已跻身空前重要的地位。戴维·刘易斯博士创造性地将神经科学理论应用于营销实践，通过探索人类大脑的敏感点，来发掘消费者挑选、购买产品的深层原因。传统推销术已成为过去，刘易斯博士揭示的广告及营销产业的秘密着实令人惊艳。

戴维·刘易斯（David Lewis）
神经营销学之父

戴维·刘易斯博士是营销咨询领域权威机构“国际思维实验室”的创始人兼首席心理学家。国际思维实验室是第一家从神经科学视角对消费主义进行研究的领军企业，客户包括索尼、思科、吉百利以及多家影视公司和出版商。

“iHappy 书友会”会员申请表

姓　名（以身份证为准）：______________；性　别：__________________________；

年　龄：_____________________________；职　业：__________________________；

手机号码：___________________________；E-mail：__________________________；

邮寄地址：___________________________；邮政编码：_________________________；

微信账号：_____________________________（选填）

请严格按上述格式将相关信息发邮件至中资海派“iHappy 书友会”会员服务部。

邮　箱：zzhpHYFW@126.com

微信联系方式：请扫描二维码或查找 zzhpszpublishing 关注“中资海派图书”

<table>
<tr><td rowspan="8">优惠订购</td><td>订阅人</td><td></td><td>部门</td><td></td><td>单位名称</td><td colspan="2"></td></tr>
<tr><td>地址</td><td colspan="6"></td></tr>
<tr><td>电话</td><td colspan="3"></td><td>传真</td><td colspan="2"></td></tr>
<tr><td>电子邮箱</td><td colspan="2"></td><td>公司网址</td><td></td><td>邮编</td><td></td></tr>
<tr><td>订购书目</td><td colspan="6"></td></tr>
<tr><td rowspan="2">付款方式</td><td>邮局汇款</td><td colspan="5">中资海派商务管理（深圳）有限公司
中国深圳银湖路中国脑库 A 栋四楼　　邮编：518029</td></tr>
<tr><td>银行电汇或转账</td><td colspan="5">户　名：中资海派商务管理(深圳)有限公司
开户行：招行深圳科苑支行
账　号：81 5781 4257 1000 1
交行太平洋卡户名：桂林　　卡号：6014 2836 3110 4770 8</td></tr>
<tr><td>附注</td><td colspan="6">1. 请将订阅单连同汇款单影印件传真或邮寄，以凭办理。
2. 订阅单请用正楷填写清楚，以便以最快方式送达。
3. 咨询热线：0755-25970306转158、168　传　真：0755-25970309
E-mail: szmiss@126.com</td></tr>
</table>

→利用本订购单订购一律享受九折特价优惠。

→团购 30 本以上八五折优惠。